うまくいかないときの心理術

古田敦也
Furuta Atsuya

PHP新書

JN150390

まえがき

自分なりに努力しているのに、もう一歩、壁を破って「一流」の域に達することができない。苦手を克服することができない。あるいは、リーダーとして、メンバーの力量を引き上げたいと思っているのだがうまくいかない……。仕事やスポーツなどで壁にぶつかった時、これまでのやり方に固執《こしゅう》してさらに努力したとしても、抜本的な解決にはつながりません。

目の前の「うまくいかない」状況を変えるために必要なことは、大きくいって二つあります。それは、「相手の心理を考えること」と、「自らの意識や心理状態を変えること」。本書でいう心理術とは、この二つを目指すものです。

僕自身、これまでの人生で「心理術」の力で難局を打開してきました。

僕は兵庫県立川西明峰高校という無名高校の出身なのですが、その高校では、夏服を着る時期は一日二時間、それ以外の十月〜五月は一時間三十分くらいしか練習時間がありませんでした。さらにグラウンドは他の運動部とかけもちで使用していましたから、フリーバッティングは一週間に二回、一回三十分しかできませんでした。このように高校時代練習環境に恵まれていたとは言えない僕が、プロで二〇〇八試合に出場し、日本一を四度経験できたのも、本書で述べることを実践してきたからではないかと考えています。

本書で述べることとは、プロ野球という特殊な世界で培ってきたもので、読者の方の仕事や生活には直接結びつかないことだと思います。ですが、違う世界の事柄だからこそ、逆に役に立つこともあるのではないかとも思うのです。

それともう一つ、僕には選手兼任監督、いわゆるプレイング・マネージャーの経験があります。僕がこの職を引き受けた時、多くの方から「プレイング・マネージャーなんて、本当にできるのか」という懸念の声をいただきました。でも、ビジネスの世界では、プレイング・マネージャーなんて当たり前の存在なんですね。だから僕もできると思いましたし、実際、多くのことを学びながら勤めあげることができました。監督として優勝することができなかったのは、心残りですが……。

本書では、そうしたプレイング・マネージャーとしての経験などに基づき、自らの能力と、組織の力の引き出し方について、僕の考えを述べてみたいと思います。

本書は、三章構成になっています。まず、第一章では、個人の壁を破るために必要なことを考えます。先ほどの述べた「二流から一流になる」「苦手を克服する」といったことはもちろん、「覚えなければいけないことが多い時に、どのように記憶するか」といった実践的なアドバイスも試みました。

第二章では、リーダーがチームの状況を変えたい時に何をすべきかについて述べました。メンバーの能力を高める際にも、また連敗を脱出する際にも、メンバーの心理を読み取ることは重要です。

最後の第三章「野球観戦から学ぶ」は、プロ野球選手がどのような心理で戦っているか、また審判の方とのつきあい方などを紹介した章です。現場を経験した者が語る野球ばなしを面白がっていただきつつ、読者の方の現状を好転させる、何らかのきっかけになればうれしく思います。

本書で述べることは、そんなに難しいことではなく、当たり前のように思えることばかりです。だからきっと、あなたにも実践できますし、そして一見当たり前のように思えることこそ、本当に大切なことなのではないかと思います。

僕はこの本を、読者の方一人ひとりを応援するような気持ちで書きました。楽しんで読んでいただければ、そして何か一つでも、あなたの役に立つヒントを提供できれば幸いです。

古田敦也

目次

うまくいかないときの心理術

第1章 自分の壁を破る

第2章 チームで勝つ

第3章 野球観戦から学ぶ

第1章

自分の壁を破る

1 才能はあるのに、一流になれない

毎年、多くの若者が新しい職場に加わる。その中には、周囲のだれもがその潜在能力を認めながら、結局大成しない者も少なくない。才能があるのに一流になれないのはなぜなのか。

一流になれる人となれない人の違いを一言で言うとしたら、変化を嫌わない人か、どうかということだと思います。

野球の技術では顕著なのですが、レベルアップするには当然、地道な努力が必要です。そうした日々の努力をもとにして、さらに大きくジャンプアップする瞬間がありま す。よく若手選手が大ブレイクなんてことがあるのですが、そういう選手は往々にして日々の努力の中に劇的な変化を生み出すコツを発見している場合があるのです。

劇的なレベルアップにはこのコツを発見することが重要なのですが、これはなかなか見つかるものではありません。簡単に見つかるのならば、みんな一流になってしまいます。ではどういう人が見つけることができるのか？　それは少なくとも、違うことにチャレンジできる人でしょう。

日々同じ練習の繰り返し作業の中でコツを発見するということもないわけではありません。しかし、繰り返し作業の中に、何か新しいことを取り入れてみた方が、新たな発見につながりやすい。レベルアップに関する情報というのは今や溢れるほどあるわけですが、そうした情報をうまく自らのルーティンに取り入れてみる。そういうふうに新たなことにチャレンジをしていると、「しっくりこないな」と思うものも多いのですが、中には「お！　これは？」と意外な発見をすることがある。こういう発見は新たなものを取り入れることを苦にしない人にしか得られません。

「こんな練習で何か変わるだろうか？」と疑いを持つだけで、何も変えないでいると新しいステージには上がれないのです。こうして考えると、自分のルーティンは変えられない、と頑なに変えないでいるということは、自らのレベルアップを妨げているということであり、もったいないことだと思います。

このことがわかれば練習に取り組む姿勢も変わってきます。もちろん、情報を取り入れることに貪欲《どんよく》であるべきです。日々のルーティンワークも無駄なことではありませんが、新鮮味には乏しいものです。ですが、そんな日々の練習もレベルアップするためのコツを発見するためのものだ、と考えてしまえば、練習そのものへのモチベーションも上がり、どんどん新しいことにチャレンジしていくことになるでしょう。

野球に限らず、眠っている才能を呼び起こすには何がきっかけになるかわからないのです。まず変化を恐れない気持ちを持ってください。日々のルーティンワークを変えようとする意識を明確に持つことが大切なのです。

見た目にはあまり変化をしていないと思われるイチロー選手でさえ、実は積極的に変化しています。野球ファンでさえ最近忘れがちですが、イチローがシーズン安打日本記録をつくった時の打撃フォームは〝振り子打法〟でした。過去のプロ野球で誰もやったことのないこの打法で記録を作ったのです。おそらく、練習などで試行錯誤した結果、これが一番いいと思ったのでしょう。

そしてその打法でメジャーリーグに挑戦したのですが、現在は振り子打法は見る影もありません。もっといい方法を見つけて変化した結果、十年以上一線で活躍できたのです。

このイチロー選手や、あるいは元広島の前田智徳選手のように、野球界にもなにかと「天才」と括《くく》られる選手が存在します。彼らはもともとの才能が違うとか、最初から素質があったなどと言われてしまうわけですが、彼らとて何もバットを持って生まれてきたわけではありません。最初から野球の才能があったかどうか、そんなことはわからなかったのではないでしょうか。

イチローや前田を見ていると、野球選手として決して体格的に恵まれてはいません。そんな彼らがもしもホームランバッターを目指していたとしたら、後に成功したかどうかはわかりません。

逆に松井秀喜選手のような体の大きいスラッガーがイチロー選手のようなタイプに成り得たか、というとそれも無理だったのではないでしょうか？　要はイチローにしても松井にしても自らの適性をよく理解しているということが大きいのです。イチローはホームランを打つパワーでは体格的に他の選手に敵《かな》わないと悟ったかもしれません、そしてその分、広角に打ち分ける能力や守備、走塁といったところを磨いていくことに力を注いだのです。

世の中にはいろんな人がいます。イチローや松井のような超一流とまではいかなくとも、野球選手にもなれますし、野球選手になれなくても他にいろいろと活躍できるステージはあるのです。それは芸術の世界かもしれませんし、コンピュータのプログラミングかもしれません。いろいろなことを経験するうちに適性を見出し、これを磨いていこうというものが出てくるのではないでしょうか？

イチローや前田といった選手は、野球の中で自らが磨くべきところを的確に見つけ出し、的確に成長を遂げたという点においてはある意味天才であると思います。そしてその彼らを天才と呼ぶのであれば、他の皆さんにも天才になり得る可能性があるのではないかと考えています。

自らの適性（才能）を見出し、
新たなチャレンジや習慣を変えることを恐れるな。

2

自らの成功体験が通用しない時

人はどうしても自らの成功体験に基づいて行動することが多い。しかしそれが固定観念を生み、大事な場面で失敗してしまうこともある。固定観念に惑わされないためにはどうするか。

僕は自分が大事にしている言葉とか基本的な考え方は大切にしなければいけないと思っています。

それら基本的な信念と、成功体験がもとになった固定観念とは整理して分けることが必要なのです。例えば、初心を忘れない、謙虚に生きる、基本を大切にするといったことはいくつになっても、自分が成長してからでもキープしていかなくてはならないことです。これらは成功体験云々《うんぬん》に関係なく、大事に持っておかなくてはならない基本的な考えと言えます。

それらとは別に、成功体験に基づく固定観念というものがあります。わかりやすく言うと、前回はこうやってうまくいったから、きっとこうすればうまくいくであろうというようなものです。まずはこの二つの違いをしっかり整理することが大事です。

誰しも、ピンチになったらこうしようという何らかの対処法をある程度持っていて、自分の成功体験に基づく考え方で対処しようとすることもあります。つまり成功体験に引きずられてしまう。現実的にはこういう考え方はあまり役に立ちません。この「役に立たない」ということにいかに気づくかが大切なのではないでしょうか。

なぜ成功体験に基づく固定観念は、往々にして役に立たないのでしょうか？　僕の場合は幸いにしてプロで活躍するということができましたが、プロの立場からすると、成功体験というのは全てレベルの低い時代のものなのです。

高校時代同様のピンチにあった時、こういう方法で切り抜けたという対処法を用いたところでプロの世界では全く通用しません。最初にも言った通り、野球への取り組み方や基本的な考え方は高校時代と変わらなくてもいいでしょう。ですが、レベルの違うところで同様の対処法で凌《しの》げるか、というとそうはいきません。

ではプロでの成功体験ならいいかというと、それも当てはまりません。なぜかというと、これは野球に限ったことではありませんが、スポーツにおいては時間が経てば全てが進化しているからです。以前の成功は時間が経てば経つほど、通用しなくなっていくのです。

野球のように相手がある戦いをずっとやっていると、一年前はこの方法で切り抜けたと思っていても、相手が進化していて同じ方法では通用しないということがよくあるのです。前回うまくいったということ、これは相手側にとっては前回やられてしまったということです。何事でもそうですが、やっつけた方は「やっつけた」程度にしか覚えていないものですが、やられた方はそのことを強く覚えているものです。どうしてやられたのか、とても印象に残っていますから、その時のこちら側の手法をマークしていることすらあるでしょう。

そこを待ち構えて網を張っているのに、前回あの方法でうまくいったからということで、同じ手法をとってしまうと結果は言うまでもありません。プロであれば、ほとんどの場合今度はこちらがやられるという結果になってしまいます。

例えば、カーブを打つことが苦手なバッターがいたとしましょう。困った時にはカーブを投げておけば大丈夫だ。そして実際それでピンチを凌いだとしましょう。さてそのバッターが翌年、あるいは二年後、まだプロのレギュラーとして活躍していたとします。その場合、そのバッターはまだカーブを打てないと考えてはいけません。間違いなく、克服していると考えるべきなのです。同じ手法で同じようにやられてしまう選手なら、ずっと同じレベルには残れていないはずだからです。

やっつけた方はとかく、またカーブさえ投げておけば抑えられるであろうという、成功体験の甘い誘惑に負けてしまいます。このことからも成功体験などは捨てて、情報をどんどんアップデートする方が大事であることがおわかりいただけると思います。

かくいう僕も実は成功体験に引きずられて痛い目に遭ったことがあります。九〇年代、ご存知の通り、ヤクルトスワローズの宿敵、読売ジャイアンツの四番には松井秀喜がいました。センターから右方向に引っ張ってくる典型的な左のスラッガーです。この頃、スワローズには山本樹《たつき》という左ピッチャーがいました。主に勝っている試合に登板する左のセットアッパーという役割で、終盤の大事な場面で左の強打者に対して投げることが多かったピッチャーでした。

山本のスライドしながら落ちてくるフォークボールを松井は苦手にしていて、何度か抑えることができました。何度か抑えると余裕が出てくるもので、カウントが悪くなるとその球種に頼っていたのですが、ある時、松井がそのボールを流し打ちでレフトスタンドに放り込んだのです。

松井にしてみれば、何度か抑えられているということもあってその球を待ち構えていたのでしょう。本来引っ張ってホームランを打つ松井がわざわざ自分のスタイルと違う流し打ちをしてまで打ってきたわけです。非常にプロらしい対応です。我々にしてみれば読み負けで、過去の成功体験に引きずられたおかげで大事な試合を落とすという結果になってしまいました。

実際に何度か抑えたわけですから、成功体験は全く意味がないとまでは言いません。ただそれを引きずりすぎるとこういう痛い目に遭ってしまう。むしろ成功したからこそ、それを意識させて違うことをする、すなわち相手の「失敗体験」を利用するくらいの気持ちが必要だと思います。

成功体験は過去のデータとして参考までに残しはしますが、これをアップデートする作業というのが必要になってくるのではないかと思います。僕の場合、二年前のデータはきっぱりと捨てていました。それくらいしておかないと、肝心なところでふと甘い成功体験の誘惑が頭をよぎってしまう。だったら、いっそきっぱりと捨ててしまってリフレッシュした方が、いい結果につながるのではないかと思います。僕自身、自らの意識をはっきり変えたことで、成功体験の罠から逃れることができるようになりました。

相手も対策を立てている。やられる前に過去のデータを捨てる勇気を持て。

3

質問の仕方、教え方

先輩の技術や習慣を取り入れることこそ上達の近道だが、では先輩に対してどのような質問の仕方をすればうまく教わることができるのか。また、子供たちに物事を教えるのも難しいことだが、どのような言い方をすれば聞き入れてもらえるようになるのだろうか。

野球界はとかく上下関係が厳しい世界です。最近は以前よりは先輩との距離は縮まりましたが、かつては先輩に教えを乞うというのもなかなかできませんでした。とはいえ、いろいろ聞きたいことが出てきます。僕はそういう時、必ず相手のいいところに触れながら質問するようにしていました。

例えば、僕が入団した時の四番バッターは広澤克実さんだったのですが、僕は当時広澤さんがどんなバットを使っているかについて興味がありました。ですが当時は三つ上の先輩に対して「どんなバットを使っているんですか？」と気軽に聞けるような雰囲気ではありませんでした。そこで僕はまず「広澤さんの打球はどうしてあんなに飛ぶんですか？　ちょっとバットを見せてもらってもいいでしょうか？」と聞きました。すると機嫌よく「おぅ！　使ってみろ」と貸してくれました。

スライダー、カーブ、シュートを持っていた尾花高夫さんに対しては、いつシュートを投げるんだろう？という疑問を持っていたのですが、ただ「いつ投げるんですか？」と聞くのではなく、「尾花さんのスライダーはすごく曲がりますよね、でもシュートの方はいつ投げるんですか？」というように、少しだけ相手の良いところを質問に入れると、喜んで教えてくれるのです。姑息《こそく》かもしれませんが、具体的に効果があった方法なのでご紹介しておきます。

それでは、逆に人に教える時はどうすれば伝わりやすくなるでしょうか。これも、質問する時と同様、相手の気持ちをつかむことが重要になってきます。

仕事がら、小学生相手の野球教室などに行くと、何かを人に伝えることは難しいということを実感することがあります。子供に野球を伝えるのは思いのほか大変なことです。

さきほども言いましたが、今の時代、情報が溢れています。大人はたくさんの情報があっても、自分に合った情報を探し出すことができるのですが、子供はそうはいきません。僕たちがたまに野球教室に行って、少年野球の監督から普段言われていることと違うことを言ってしまうと、子供は混乱してしまいます。ボールを投げるというシンプルな作業でも、ある人がこう言って、また違う人から違うことを言われてしまうと、子供たちは迷ってしまいます。

また子供は素直ですから、アドバイスする人の人となりも重要なファクターになったりします。いくら正しいことを言っても胡散《うさん》臭いな、と思われては聞いてくれません。

ある時、小学生にバッティングを教えてくださいと頼まれました。その少年は左バッターの外野手なのですが、見るとイチローが当時取り入れていた振り子打法で打っていました。振り子打法は体重移動が難しい打法です。実際、その少年も体重移動に苦慮していて、タイミングがなかなか合いませんでした。簡単だったら、プロ野球選手もみんなやっているのでしょうが、今となっては振り子打法を取り入れている選手は、イチロー本人も含めて見当たりません。つまりとても難しい打法なのです。

僕は「いったん振り子をやめて普通に戻してみないか？」とその少年に言いました。すると彼はきょとんとしてしまいました。頭の中をはてなマークがぐるぐる回っているようです。イチローを目指しているその少年にとっては、古田＜イチローですから、振り子をやめるなどとても考えられなかったのでしょう。

そこで僕は即座に、「振り子でタイミングが崩れたら、いったん普通に戻して調整するんだってイチロー君が言ってたよ」と少年に伝えました。すると、その少年は目を輝かしてすぐに振り子をやめました。正直、これほど効くとは思っていませんでした。

以後、松井を目指している少年には松井が言っていた、松坂を目指している少年には松坂が言っていたと一言添えるようにしました。もちろん嘘ではなく、本当に彼らが言ったことなのですが、相手の心に響くようにするにはきちんと彼らの名前を出した方がいいということです。アドバイスの内容も大事ですが、相手の心理を考えて、そもそも聞いてもらえるような言い方をすべきなのです。

何かを得たいなら、まず相手をほめ、
何かをアドバイスしたいなら、
相手が尊敬している人の名前を使え。

4

覚えなければいけないことが多すぎる時

捕手は入れ替わり立ち替わり打席に入ってくる打者の傾向を把握しておくことが求められる。すべて覚えておこうとすると膨大な情報を頭の中にストックしなければならなくなるが、大人になってからでも記憶力を高めることができるのか。

記憶力が人間の努力で高まるのかどうか、科学的な見地で証明されているかどうかはわかりません。ただ僕は経験上、高まると思っています。

学生時代の受験勉強では、英単語をやみくもに詰め込んで、試験の時には記憶の片隅にあるものがポロッと出てくることを期待する、といったこともありました。そういう記憶の仕方もあるとは思うのですが、大人になってからは、もう少しシステマティックに整理するようにしています。

具体的に言うと、頭の中で記憶を整理するファイルのようなものを作っておくようにしています。この情報はこのファイル、その情報はこっちのファイルといった感じで入れておく。そうやっておくと、受験勉強の時のようにポロッと片隅から出てきたとか、試合後になるまで出てこなかったというような偶発的なことはなくなります。「引き出しを開ける」なんて言い方をする方もいますが、そんな風に整理しておくといいと思います。

記憶すべきことをなんとなく覚えるのではなく、頭の中のファイルに整理するクセをつけておくと、ファイルの中に同じような事柄があればそれと関連づけて記憶することができます。すると、思い出す時にも役に立つのです。

あと、情報をマニュアル化してイレギュラーケースだけをよく覚えておくというやり方も効果的でした。セ・リーグで言うと、対戦チームは五チームあって主力どころ八人、トータルで四〇人ほどの全打席、全球を覚えているか、というとそんなことはありません。そもそも全て覚える必要はなく、必要なデータだけを覚えておくことが理想です。すなわち、「普通なら八割がたの人が同じような対応をするという場合に、この打者は違うことをやってくる」という、イレギュラーなケースをよく覚えておくのです。

例えば大量点が入った直後の初球、またはファーストストライクを普通の打者は打ってきません。大量点を取られていきなり初球からアウトになると、チームの士気に影響が出ます。じっくり攻めたいところだからです。ところが中にはそんなことを考えずに打ってくる人がいます。チーム全体の士気のことなどは考えないタイプですね。こういう選手は、「全く考えないで打ってくる奴」というカテゴリーファイルに入れておきます。

他の例も挙げてみましょう。150キロ以上の剛速球を投げる投手に対して、多くのバッターはその直球を打ってやろうと照準を絞ります。バットを短く持ったり、打席の後ろの方に構えたりするなどして、直球に対応しようとします。しかし中にはそういう投手に対して最初から変化球に的を絞るタイプがたまにいます。そのような変わっている方を抑えておくと、覚えやすく、記憶も定着します。このバッターは総じて普通に引っ張ってくるけど、ランナーがスコアリングポジションの時だけ逆方向に早めのカウントから打ってくるタイプというように、データファイルを溜めていくのです。

こうして記憶のコツみたいなものを高めていくのです。二十代三十代はまだまだ脳細胞は壊れていませんから、このように効率的に整理することで記憶力は上がっていきます。さすがに五十代の今となっては無理でしょうけど……。

普通と違うものを、頭の中のファイルに整理せよ。

5

間違った努力

自分なりに努力を重ね、頑張っている。しかし、思うような結果は出ず、組織からの評価も高くない。そんな時、「自分は間違った努力をしている」と気づかなければならない。

バッティングが得意で守備が苦手だという選手がいたとしましょう。こういう選手にありがちなのは「俺はバット一本でここまでのし上がった」というプライドを持っていて、得意なバッティングばかり磨きをかけようとしてしまうこと。バッティングの魅力を否定するつもりはありませんが、こういうタイプの選手は守るところがないからレギュラーをつかめないというケースが多いと言えます。その場合、磨きをかけるべきは守備の方なのに、守りを積極的に練習しようとはしません。気がつけばまたバッティング練習をしている。

使う側からすれば、お前が打つのはもうわかったから守備の方をやってくれよと思うのですが、本人はどうしても良いところ、つまりバッティングをアピールしたいのでしょう。

練習中、あるいは練習以外の時間でもいいのですが、弱点に向き合う時間をしっかりとらずに、こうした得意なことばかりに時間を費やしてしまうというのは間違った努力と言えるでしょう。

ピッチャーも同じです。今の時代、キャンプなどでピッチャーがブルペンで投球する球数はおおよそ一〇〇球前後といったところでしょう。昔は毎日三〇〇球なんて方もいたのかもしれませんが、現在はそこまでの投げ込みをする人は少ないでしょう。一日おきに一〇〇球前後というのが現実的なところでしょう。つまり限られた時間、限られた数しか練習ができないということになります。

先ほどのケースと同様、速球派で名が通っているピッチャーは、その限られた投球練習の中で一〇〇球あったら七〇球はストレートを投げてしまいます。苦手な変化球についてては三〇球しか投げない。もともと限られた練習時間なのにさらに限られた球数にしてしまい、克服しなければならない変化球の精度は上がりません。結局、技術の向上はなく、面白くないからまたストレートを投げてしまうなんてこともあったりする。

また、指導者の中にもストレートのコントロールを高めてから変化球のコントロールを高めるという段階を踏まなくてはいけないという考え方の人がいます。ストレートが基本だからストレートのコントロールを高めなければ変化球のコントロールは定まらないという考えなのでしょう。

しかし長年キャッチャーを経験していると、ストレートのコントロールは悪いけど変化球のコントロールは良いという投手はたくさんいます。したがってストレートのコントロールを高めてからというプロセスをいちいち踏んでいると非効率だったりします。こうした場合、毎回まずストレートを整えてからというプロセスに時間と体力を費やしてしまうというのは、正しい努力からは遠ざかっているように思えます。

僕の場合はプロ入団時、守備の評価は高かったので、バッティングが良くなれば試合に出られるな、と思っていました。当時野村克也監督から「全日本（大学選手権）に出ていたらしいが、何番を打っていたのだ?」と聞かれたので、「八番か九番を打っていました」と正直に伝えると、「アマチュアで八番、九番なら、プロでは一五番目くらいか。それじゃ到底使えないな」と言われてしまったのをよく覚えています。そうなると、課題は明確にバッティングということになります。監督の意識にある「一五番目くらい」をなんとか最低でも「八番」まで持っていかなくては使ってもらえません。

ではバッティングを磨くにはどうしたらよいか。毎日一〇〇〇本素振りをしたらよいか、というとそんな単純なものではない。僕がまずしたのは、周りにたくさんいるプロのよく打つバッター達を間近で観察することでした。自分のバッティング練習よりも、観察の方を大事にしていたぐらいです。当時広澤克実さんや池山隆寛といったクリーンアップを打つ面々が、簡単にスタンドに放り込むような素晴らしいスイングをしていました。彼らを観ながら、どんなバットを使っているのか、どんな手の使い方をしているか、腰の回転はどうなっているのかなどを細かく観察したのです。

もちろん、その後は自分に足りない部分を強くするようトレーニングを重ねます。つまり必要で正しい情報を入手し、そこに必要なハードワークを重ねていく。またここではアマチュア時代に持っていたバッティングの練習法は一切捨てました。ゼロベースから頭で理解したことを吸収し、身体を作るという作業に徹しました。それまでの意識を変えて、周りを観察することで、正しい努力を重ねることができるようになったのです。

その甲斐あってか、二年目に・340で首位打者を獲得することができたわけですが、その頃になってくると、ようやく自ら投手との駆け引きを覚えていき、「こういう時はこうしたらよい」という実績が蓄積されていきました。そこからは軌道に乗ることができました。

間違った努力かどうか、やっている最中はわからなかったですが、結果的に僕はこうして苦手と思われていたバッティングを克服しました。

正しい努力をするために何をすべきか？
観察して考える。

6

他人の行動の予測がつかない時のヒント

他者の行動の傾向が把握できず、思わぬ反応をされてとまどったり、仕事上の失敗につながったという経験を持つ人は少なくないだろう。そんな時、キャッチャーの観察術がヒントになるかもしれない。打者の様子を観察して行動を予測するのも、キャッチャーの大事な仕事の一つである。

観察することはとても重要です。キャッチャーがリードを行う時、バッターがストレートを狙っていればカーブ、インサイドを狙っていればアウトサイドを要求します。つまり常に相手のウラをかく考え方で行動していくのが基本です。

だからといって、いくら観察をしたところでバッターの顔に「カーブを狙っています」とは書いてありません。観察したからといって初対面のバッターが何を考えているかなどは全く見えてきません。しかしずっと観察していくと、ひとそれぞれの癖が見えてきます。

「なくて七癖」というように、人には多種多様の癖があります。癖がわかってくると、出方やリアクションに一定の動機が見えてきます。そういうものを観察から導き出していきます。

例えば、自意識が高い選手、観られていると感じている選手は、自分の狙いが外れて空振りをしてしまった時、必ず何らかのリアクションをしてくれます。キャッチャーや相手ベンチに悟られまい、と。人によってはポーカーフェースであったり、やたらと悔しがるそぶりを見せたり、あるいは別に狙いを外されたわけじゃないよ、と言わんばかりの気取ったそぶりの人もいます。それらのリアクションをもとに、次の狙い球はどうなるのかというデータをとっていきます。ある人は凄く悔しそうなそぶりをした後は狙い球を変えてくるとか、ポーカーフェースでノーリアクションの時は狙い球はそのままだ、というように。人には人それぞれの癖が出てきます。癖がわかってくると、次の行動の予測がつきやすくなるのです。

他人の観察をしていると、自分に足りないものを発見することもあります。とりあえずどこを見ていいかわからないという人も、ただぼんやりと見てみるのではなく、一点細かいところを集中して見てみると、何か発見があるかもしれません。

他人を観察して癖を見抜けば、次の行動を予測できるようになる。

7

上司の言うことが理解できない時

野球で言えば監督、会社で言えば上司の指示が理解できなかったり、納得できなかったりすることもある。そんな時、あくまで自らが納得できることを行おうとするか、黙って従うか、どちらを選択すべきだろうか。

僕にとって、プロ一年目は野村監督という上司が厳しく、理解できないことも多かったです。

キャッチャーという立場上、打たれたくない、勝ちたいという気持ちは前面に出してはいるものの、それでも打たれてしまう。打たれたらそれだけでもがっかりするわけですが、ベンチに戻ったら戻ったでどやされる。なかなか消化できず、ストレスばかりが溜まっていきます。毎日が混乱状態になって、どんなサインを出していいかもわからず、球場に行きたくないという日々もありました。

ただ、どの世界でも、プロは戦える場所、自分を表現できるフィールドが与えられてこそなんぼです。若い時は特にそうです。プロ野球で言えば、試合に出て、成績を残してなんぼという世界なのです。

したがって、言っていることがわからないからといって反発し、そのことが原因で戦う機会を失ってしまっては元も子もありません。これは野村監督がどうだからというわけではありません。やはりある程度成績を残してからでないと、プロの世界では文句を言ったところで誰も聞いてくれません。発言力はないのだから、その現実は受け入れなくてはなりません。

僕はそうしたことを総合的に判断し、何も言わずに引き下がりました。顔には出ていたかもしれませんが、とりあえず言われたことにはわからなくても「ハイ！」と答えていました。野村監督が「部下は上司の話は聞くものだ」という考えの人だったからというのもありますが、完全なイエスマンになりました。

相手は日本一の実績を残されたキャッチャーです。しょせん僕の当時の経験値では太刀打ちできないのです。僕が納得しないなんてことより、それに反発することのリスクの方が大きいと思いました。

そうして二年目三年目と従順にハードワークしていると、徐々に「あのピッチャーはどうだ？」「あの局面では何を考えていた？」と監督の方から聞いてくるようになりました。聞かれて初めて自分の意見を言うようになりましたが、時間はかかりましたが、上司とのコミュニケーションを間違って自分の戦うフィールドを失ってしまっては意味がありません。

上司の言うことが理解できない、納得できないということは往々にしてあるのでしょうが、ある程度までは仕方がないことだと消化し、焦らない方がいいと思います。上司の心理を考えれば、少なくとも実績に差がある時は、反発しても何にもならないことが多いのではないでしょうか。時間が解決することもあります。僕のケースでも今思えばイエスマンで正解だったと思います。

上司は選べない。

8

苦手を克服する

どうしても打てない、苦手な投手がいる。打てない原因を突き止めて、打席で立つ位置を変えたり、バットを短く持ってみたり……。それでもうまくいかない。では、何を変えるか。

苦手なピッチャーがいる場合、何らかの原因があります。自分はなぜ抑えられてしまうのか？　そのピッチャーの何が気になっているのか？　そうしたことをまず明確にすることが大切です。

どうしても、あるピッチャーの落ちる球を引っ掛けてしまう。いろいろ考えると、今度はそのボールが気になりすぎて他のボールまで気になってしまう。こんな風に、深みにはまってしまうのです。

もちろん、苦手な原因がはっきりしたら、いろいろなことに取り組みます。打席で立つ位置を変えてみたり、バットを短く持ってみたり……、しかし、それでもうまくいかないということもあるでしょう。

九〇年代に、山本昌、星野伸之、桑田真澄といった、特にストレートが速いわけでもない、緩い球をコーナーに投げ分けてくるタイプのピッチャーを相手にした時に、どうもバットの先に引っかけてしまうということがありました。前述のようにいろいろ工夫して、その緩い球を狙っても打ちとられてしまう。

最終的に僕が何をしたかというと、人から長いバットを借りました。僕は普段85センチのバットを使っているのですが、どうせ何をやっても引っかかるのならいっそバットから変えてしまえ、という極めてシンプルな発想で3センチ長い88センチのバットに変えてみました。

野球経験のない方にはわかりにくいかもしれませんが、プロ野球でバット3センチの違いは大きな違いです。重さもバランスもスイングスピードも全く変わります。一見やけっぱちのようなことかもしれませんが、これが好結果をもたらしました。今まで引っかけていたボールがぴったり芯を食うようになり、振り遅れたと思った打球も間に合ってホームランになったこともありました。

苦手なものを克服するにはさまざまな努力が必要ですが、これを全て自分のせいにしてしまうと、ストレスになります。そういう意味でモノのせいにしてみるというのはいいアイデアだと思います。何かをドラスティックに発想から変えてみる。仮にバットを変えてダメだったとしても、ダメでもともとなのです。次の対策を考えたらいい。苦手なものには正面から向き合ってあらゆる可能性を考えて、時に発想をがらりと変えて対応するというのもアリなのです。

何でも自分のせいばかりではない。モノが悪いという発想も大事。

9

スランプの抜け出し方

なぜかいつもの結果が出ず、成績がどんどん下がってしまう。なんとかしなければと焦れば焦るほど、スタイルが崩れてうまくいかなくなる……この状態からいかに脱却するか。

実は僕自身は現役時代、どん底のスランプにはまるということはあまりありませんでした。キャッチャーとして、相手をスランプにはめてやろうという意識が強かったのが大きいかもしれません。僕にはスランプのロジックがある程度わかっていました。

スランプには原因があるものです。野球におけるスランプとは「打てなくなる」ということだと思います。毎年打率3割を打つような実力ある選手が開幕から一、二か月、どうしたことか、・250、・230とどんどん落ちていき、挙句2割を切ってしまうなんてことがあるわけです。スランプの深みにはまっていく大きな要因が、この「打率」というファクターなのです。

野球選手の評価は良くも悪くもこの打率に左右されてしまいます。毎日スポーツ新聞には打率ランキングが大きく紙面を割いて掲載されています。当然3割を打つような選手が2割そこそこで低迷していると、それが紙面でわかりやすく掲載されてしまい、否が応にも意識させられてしまう。仮に見ないようにしていても、今ではご丁寧に各球場で電光掲示板に・210とか・190などと出てしまう。3割後半、4割近く打っている人にとってみれば誇らしいことでしょうが、打てていない人にとっては恥ずかしいことこの上ない。

まして2割を切ろうものなら、心無いコーチから「お前そろそろ身長だぞ」などと言われてしまう。プロ野球選手はだいたい180センチ前後ありますから、打率が2割を切ると、本当に自分の身長と数値が変わらなくなってきます。もっと酷くなると、「お前体重まで切る気か？」などと揶揄《やゆ》されてしまいます。それほど、この打率の数値に敏感なのですが、悪くなればなるほど、打たなくてはという心理が強くなり、余計に打てないボールにまで手を出していくという悪循環にはまっていってしまうのです。

この打率という数値は、とにかくヒットを打たないことには上がってくれません。つまり当たり前ですが、四球を選んでも上がらないのです。そのため「どうにかして打たなきゃいけない」という焦りが生じてくるのです。

キャッチャーの仕事として、僕は開幕間もない時期には相手チームの主力選手の打率を常に調べていました。開幕からどうも乗り切れないでいる選手というのは打率が上がらず、とにかく早く打ちたいという心理が強く働くものです。こういう打ちたがっている選手に対して、甘いところへストライクを投げる必要はありません。少々のボール球でも手を出してくれる可能性が高いのです。さらに、打率を上げたいので四球で塁に出るという意識も薄い。そういう選手をどんどん追い詰めていくのがキャッチャーの仕事です。

裏を返せば、スランプになったのは自分の調子だけが原因なのではなく、対戦相手に誘導された結果なのかもしれない、ということです。自分が気付かないうちに嵌《は》められている可能性があるので、それを疑ってみると脱出できるかもしれません。

翻《ひるがえ》って、かく言う自分もバッターですから、開幕からどうも乗り遅れてしまうことはあるわけです。しかし焦ってしまうことはありませんでした。相手キャッチャーの心理を読めば、やるべきことが見えてくるからです。

要は打ちたい気持ちを抑えればいいわけです。相手捕手の心理を逆手にとって、ボール球を見逃していく。すると、打てていないバッターに対して四球を出してしまってはもったいないという心理がバッテリー間に生まれます。積極的に打ちにくると思ってボール球でかわしていたら、振ってくれない。カウントがバッテリーにとって悪くなると、四球を防ぐためにど真ん中を投げてきます。そこまで待てばいいのです。

打率が悪くなって打たなきゃいけないと思った時ほど、フォアボールで出ようとする。打ちたい気持ちを我慢して時を待つ、という方法がこの場合のスランプ脱出法なのです。

逆に、好調な時こそ、慎重になることも重要です。危ないぞ、何かあるぞと地に足をつける。逆に落ち込んだ時は自分で自分を鼓舞する。こうしたことを習慣にすると、周りの動きにそれほど左右されることもなく冷静でいられるのではないかと思います。

これは僕がキャッチャーというポジションだったからこそ身に付いている姿勢だと思います。アマチュアの時の指導者が言ったことで、今でも心に残っている言葉があります。

「キャッチャーは九人中一人だけ反対側を向いているのだから、動きも逆のことをしなくてはならない」

チームの調子が良くて、みんなが浮足立っている時にこそ、キャッチャーは地に足をつける。逆に落ち込んでいる時は空元気でもいいから率先して声を出して周りを元気付けろ、という教えです。実際、調子に乗って浮足立っている時に隙をつかれて逆転されてしまうなんてことがあるわけです。僕は調子がいい時こそ、きょろきょろ周りを見渡して隙や綻《ほころ》びはないか、相手が張っている罠はないか慎重に見るようにしていました。

この癖は個人的なことにも通用すると思います。自分が好調な時は心をひきしめ、落ち込んだ時は意識して自分を鼓舞することで、メンタルも一定に保つことができるのではないでしょうか。

焦った時ほど落ち着いてみる。
打ちたい時こそ基本に帰れ。

10 プレッシャーをはねのける

ここで打たなければ負けてしまう、監督に使ってもらえなくなる――プロ野球はプレッシャーの連続だ。プレッシャーに打ち克つために何をすべきか。

チャンスで打たなければいけないというプレッシャーは誰にでもあります。僕にもありました。たくさん集まってくれたお客さんをガッカリさせたくありません。さらに、プロになりますと、打てないとスタメンではなくなり、一軍ではなくなり、やがて二軍でも打てないとクビになってしまうという現実的な不安があります。実際そこまで考えて打席に入ったことはありませんが、そうしたマイナス思考が重なると、ますます打てなくなっていくでしょう。とはいえ、いい結果を欲しがってしまうのはどの世界でもあることでしょう。

もちろん、それに打ち克つには場慣れも必要でしょう。ある程度慣れてくればいいのですが、それでも緊張してしまう。緊張の原因は野球の場合、アウトになりたくないという不安です。アウトになったら迷惑がかかってしまうとか、みんながっかりするだろうとか、この先起こるであろう失敗を恐れて不安になるのです。ですから、結果を考えずに打席に立てれば、そうした不安は取り除けます。

では、どうするか？　その打席でしなければいけないことだけに集中して打席に立つのです。とにかく結果のことを考えず、その時考えるべきことに集中する。僕の場合は対戦しているピッチャーの傾向などを思い出して集中するようにしていました。ランナーが溜まってピンチになったらアウトコースが多くなる傾向があるだとか、速い球が増えるだとか。

次に何をするかというと、仮に速い球が多いのならば、具体的に速い球への対策を考えます。あらかじめバットを短く持つとか、上から叩く意識を持つとか、バットの始動を早くするとか、大振りしないとか、一撃で仕留めることに集中します。打った後のことは一切考えない。

頭で相手のデータを思い出したら、身体で何をするべきかに集中する。その結果がヒットになるのかアウトになるのかはわからない。いい当たりが野手の正面でアウトになることもあれば、打ち取られた当たりがポトリとヒットゾーンに落ちることもあるわけです。

実際、僕はこういう姿勢で集中するようになってからは打てるようになりました。野球ではイチローのように優れたバッターでも4割しか出塁できない、つまり一〇回のうち六回はアウトになっているのです。アウトになるという不安は、考える必要のない余計なことです。

いい結果を残したいのなら、結果のことを考えない。やるべきことをより具体的に明確にして、必要な対策をきっちり取ることに集中することが、プレッシャーを感じる場面でも前向きにとらえることにつながるのです。

いい結果が欲しければ結果を気にしないこと。

11

準備のポイント

どんな仕事でも試合でも、準備をしておくことで成果はがらりと違ってくる。しかしただ準備といっても、三つのポイントを踏まえなければ十分なものにはならない。

何事においても準備は非常に大切です。ヤクルトの監督、野村克也さんにも「準備が全て」とまで言われました。どんな世の中でも、何をするにしても、準備さえしっかりしておけば、仕事はやりやすくなります。また不測の事態が生じても、それをカバーする準備ができていれば、冷静に対応することが可能です。

とはいっても、問題は準備の中身です。中高生に向かってただただ「準備はしっかりしておけ」と言ったところで、具体的にどんな準備をしたらいいのかわからないということでは困りものです。準備とは何なのか？というところまでしっかりケアしておかなくてはなりません。

プロ野球の場合、準備には大きく分けて三つあります。

一つ目は体力的な準備、フィジカル面の準備です。肉体的にどこを鍛え、逆にどのタイミングで休養を取るか、などを人それぞれ準備し、試合の当日ベストなコンディションで迎えられるようにします。

二つ目は精神的、メンタル面の準備。身体のコンディションが整っていても、打席で混乱したり、集中力が湧かなかったり、なぜか前向きになれなかったりということではいけません。頭がすっきりし、自信を持っていなければ、良いパフォーマンスにはつながりません。多少の緊張と程よくリラックスした精神状態を作る準備をしなくてはなりません。

三つ目は戦略的な準備です。心身のコンディションは整って、自信を持って臨めるという状態であっても、やはり相手がいる競技です。相手の弱点など、戦略的準備があるかないかで大違いです。バッターならば、相手のピッチャーは初球をどういう風に入ってくるのか、どの球種でストライクを取ってくるのか。また、相手のペースに持っていかれないために、チームとしてどういう方針で臨むのか。そういった準備をしなければなりません。

これら三つのファクターをきれいにバランスよく準備できると、相乗効果が生まれます。肉体がしっかりしていると、自信がついてきますし、頭がすっきりしていると、戦略が明確になってきます。あるいは多少身体の調子が悪くても、戦略的な準備がしっかりしていれば活路を見出せるということもあるでしょう。

三つの準備をきっちり整理すると、良い準備ができ、勝ちに向かっていけます。勝つことができれば、準備することに対して積極的になります。試合を決するのは個々のパフォーマンスなどと言いますが、僕は準備こそが勝ち負けの7割以上を占めている可能性もあると思っています。準備については真剣に、かつ積極的に、正確に行う習慣を身に付けることが大切なのです。

勝負の前には三つの準備が必要だ。
コンディショニングの準備、メンタルの準備、
そして戦略の準備である。

12

一皮むける経験

これまで経験しなかった難しい仕事をやり遂げたことで、「一皮むける」経験をした人は少なくないだろう。プロ野球においても優勝争いなどの大舞台を経験することで、大きな成長を遂げ、これまで困難だったこともできるようになると言える。

一皮むけるために、あるいはワンランク上のスターにのし上がるのに、やはり大きな舞台での体験というのは必要ではないかと思います。何事も経験が大事などと言いますが、やってみないとわからないことは多い。大事なのは、大舞台のような厳しい環境、注目を浴びる環境で自身がどうなってしまうのかということをまず知ることです。

緊張すればするほど固まってしまって、思うようなパフォーマンスができなくなるという人もいます。逆に注目を浴びれば浴びるほど、力を発揮するというタイプもいるでしょう。それもこれも、とにかく一度注目を浴びるような厳しい環境を経験しないと、自分がどういうタイプなのか、知りようがありません。仮に、そうした極度の緊張から力を出せなかったとしても、そこでどうして駄目だったか、課題や欠点を見つけ出すことはできます。すると、次の大事な舞台では、それを克服できるかもしれません。そうすれば、実際に一皮むけたと言えるでしょう。

僕にとっての最初の大きな体験はやはり九二年のリーグ優勝ということになります。九〇年にデビューし、翌九一年も年間一〇〇試合以上を経験させてもらったのですが、この九二年は初めてフル出場を果たし、ようやくレギュラー確定が見えてきた年でもありました。

プロ野球のシーズンはキャンプから始まり、オープン戦を経て、春に開幕し、暑い夏を乗り越えてようやく優勝が見えてくる、という長丁場です。優勝争いをしている時は、その間ずっとテンションを高めておかなければいけないという点で、優勝争いをしていない時とだいぶ違うのですが、この九二年も最終試合の前の試合まで優勝が決まらないもつれたシーズンとなりました。こういうシーズンは夏場体力が落ちてくる時期に一戦一戦が重要になってくる試合が続くので、肉体的にも精神的にも疲弊《ひへい》します。この最後までわからない厳しい局面を経験したことで、シーズン全体をどう戦っていくかを見極めることが、以前よりできるようになったと思います。

若いときには無我夢中にただただ頑張るということが多かったのですが、このシーズンに「大事な時にどうすべきか、後半にどう戦うか」といったことが見えてきたのです。「目の前の試合に対処する」だけの状態から、「シーズン全体を見通す」ことへ、意識が変わったと言ってもいいかもしれません。

例えば、インコース、特に高めのボールを得意とする強力な四番バッターがいたとしましょう。この選手の長打力を削ぐためにはアウトコース低めのボールで打ち取っていくということが主体になります。しかし、ペナントレースの序盤からこの選手に対してずっとアウトコース低めのボールで打ち取るという配球をしていると、問題なのです。その傾向を向こうも学んでしまい、肝心の落とせない後半の試合で、痛い目に遭ってしまうということがあります。外に狙いをつけてボール球を見極められ、カウントを有利にさせてしまったり、思いっきり踏み込まれて痛打されてしまったり。

シーズンを戦い抜くということを考えれば、その序盤から中盤にかけて、このバッターに対してインサイドを攻めておくことが重要になります。終盤への布石を打っておく、このバッテリーは俺にもインサイドを投げてくると思い込ませる。どれだけ餌を撒《ま》けるかが、終盤の大事な試合を落とさないためのカギになるのです。九二年のフル出場を境に、そうした相手との駆け引きやシーズンの奥深さを経験させてもらいました。

「全体像を見極め、伏線を張る」ことも捕手の仕事
――大舞台を経験すれば、今まで見えなかったことも見えてくる。

13

上手に手を抜く

プロ野球は長丁場、常に全力プレーをこころがけると、ケガのリスクが増え、身体に無理を強いることもある。これは会社でも同じこと、無理を重ねて病気になってしまうとかえって周囲に迷惑をかける。上手に手を抜くコツとは。

プロ野球のシーズンは長いので、場合によっては上手に手を抜くというのも必要だと思います。大切なのは「何を求められているか？　何を必要とされているか？」ということを常に考えて過ごすことです。

ピッチャーで言えば、毎年開幕時に先発ローテーションに入る投手が五人か六人選ばれます。理想はこの五人ないし六人で一年間フル稼働して回ってもらうことです。調子の良し悪しはあっても、中5日、6日で回ってもらうことが前提になります。ですから、すばらしく良いピッチングをしても、「中5日はきついので、一週間休ませてください」などと言う選手は、ローテーションを壊すことになり、信頼を得られません。たとえ打線の援護に恵まれなく、勝ち星がつかなくても、ローテーションを守ってくれる方がチームとしてははるかにありがたいのです。

レギュラーの打者にも同様のことが言えます。今日は100%の力が出せて活躍できたけど、ちょっと足が痛いから明日明後日休ませてくれ、というような選手は必要とされません。お客さんも毎日見に来られるわけではありませんから、お目当ての選手が出たり出なかったりでは期待に応えられません。

ということで、チームにとってもお客さんにとっても必要とされる選手は、出場すれば100%の力を出すがケガでちょくちょく休む選手ではなく、80%でも毎日出てくれる選手の方となります。80%と言っても、常に8割の力でプレーするというわけではなく、時に100%出さなくてはなりません。やらなきゃいけない時はやる。

ただし、全力でやるなとまでは言いませんが、やはりケガのリスクも考えれば、必要以上に100%を出す必要はありません。プロでピッチャーゴロに打ちとられたら、全力で走ってもほぼセーフにはなりません。フライアウトも同様ですが、そこで恥ずかしくない程度の速さで走るのはいいのではないかと思います。そこを全力で走ることにこだわって、ケガでもされたら元も子もありません。

また一年フルで戦っていると、動けないほどではないが、無理をするとマズいなという痛みを感じることがあります。ハムストリング（太腿裏《ふともも》にある筋肉）の張りだとか、足首の痛みなどがそうです。今日無理するとやばいぞ、という感覚ですね。そういう時には無理をしないことが大切です。常に全力プレーを心がけるという意識にこだわるのではなく、最も重要なことは何かを考える、これも重要な「意識の変化」の一つだと思います。

手を抜くというと、あまり褒められた言葉ではないのですが、少なくともコンディショニングの面では監督やコーチとうまく意思疎通を取っておくことをおすすめします。長いシーズン、どうしてもやりすぎてはいけないというコンディションの時もあります。投手ならなおさらで、そこを無理されて肩のケガで長期離脱なんてことになるとそれこそチームに迷惑をかけてしまいます。うまく手を抜くというのは、うまくコミュニケーションを取るということでもあると思います。

うまく手を抜くとは、
うまくコミュニケーションを取るということ。

14

休日をどう過ごせばいいか

プロ野球では月曜日が移動日、休養日となる。その週のパフォーマンスを上げるためには、この月曜日の使い方が重要になる。休養日にしておきたいこととは何か。

一言で休養と言っても、大きく分けて二つの要素があります。一つは体力的な休養です。これは簡単ですね。寝たり、横になったり、身体を休めるということです。もう一つは精神的な休養です。こちらが意外に怠りがちです。

シーズン中、プロ野球選手はだいたい火曜日から日曜日まで試合を行い、月曜日に移動日もしくは休養日という流れで進んでいきます。この月曜日の使い方が重要です。

中には若い選手など、月曜日もトレーニングに充《あ》てるという人もいますが、僕の場合は多少走ったり、器具でトレーニングしたりというのはあっても基本的に野球からは離れます。バットやボールには一切触れないようにしていました。やはり精神的な休養を取るためには、いったん野球から離れなければなりません。

例えば週末に三連敗などしてしまうと、休養日の月曜日に悔しくて野球のことをどうしても考えてしまうなんてことがあります。こうなると、せっかくの休養で身体が休まっても精神面では疲労が残ったままになってしまう。負けたことやミステイクを引きずってしまうと気持ちも落ち込んでしまいます。これでは次の火曜日からのパフォーマンスにも影響が出てしまいます。ONとOFFのメリハリがつきません。ですので、精神的な休養ということを理解して積極的に取っていくことを心がけないといけないでしょう。

僕の場合、月曜日が大阪への移動日だとしたら、大阪へ着いた途端その足で一人映画館に向かいました。一人というのも大事なところです。何人かと一緒に行くと、他人に合わせる必要が出てきてしまいます。その点一人だと、勝手に観たいものを観て帰れます。つまらなかったら途中退席するのも自由です。

毎回映画を観るわけではありませんが、とにかくわざと野球と違うことをするようにしていました。観た映画が面白ければそれなりに気持ちも前向きになりますし、全く野球に触れないことで翌日から「よっしゃ、野球やるぞ」という気持ちも上がります。何事も積極的なＯＦＦを取ることでリフレッシュすることは大事だと思います。

休日は野球から離れて、精神的な休養を積極的に取る。

15

本を読む

情報を得るために、また自らの思考のレベルを上げるために有効なのは、読書の習慣を身に付けることである。読むジャンルはあまり偏らない方がいい。

今でこそ、インターネットで情報はいくらでも取りやすい時代になりましたが、やはり僕が若い頃は情報源といえば本でした。僕は本をよく読むようにしていました。

ドラフトでヤクルトの入団が決まって僕が最初にしたことは、ヤクルトの監督になることが決まっていた野村克也さんの本を本屋にあった分だけ買い込んだことです。三、四冊くらいだったと思います。新しい監督の野球観を含めて知っておきたかったですし、情報を仕入れておいて準備したかったのです。

その中の一つに面白い言葉がありました。曰く、「足の速いキャッチャーは大成しない」というのです。ご自身も含め名捕手と言われる人、森祇晶《まさあき》（森昌彦）氏などみんな足が遅いと。足の速い人は動き自体が速く、冷静に考えられない傾向があり、ミスも生まれやすいのだと。一方で足の遅い人は周りをよく見てどっしり構えて冷静沈着でいられるというのです。当時は面白い考え方だなぁと思いました。

年が明けていざキャンプが始まってみると、僕以外にライバルとなりそうなキャッチャーは二人いました。一人はレギュラーの秦《はた》真司さん、もう一人は若手の成長株、飯田哲也です。僕は野村監督の本を読んでいたので、なんとなくこの時からこの二人はいずれコンバートされるのではないか?と予感していました。というのも秦さんは僕より足が速いのです。飯田に至ってはチーム一、二を争う俊足です。僕はというとプロでは並の走力です。

案の定、のちに二人とも外野にコンバートされました。

秦さんはライト、飯田はセンターでレギュラーとなり、まさに野村監督流の適材適所ということだったわけです。飯田の場合はその後ゴールデングラブ賞常連のリーグを代表するセンターになったわけですから面白いものです。いずれにしても本を読んでいたおかげで、初めてのキャンプを安心して過ごすことができました。

このように役に立つこともあるので、その後も本はできるだけ読むようにはしています。社会人になったばかりの頃は「もう漫画は卒業しなさい」などと言われましたので、漫画や週刊誌はあまり読まないようにしました。今でこそ、漫画やアニメはクールジャパンなどと言われていますが、当時は「漫画を読んでいる奴は子供だ」といったイメージがあったように思います。

とはいっても読書のテーマやジャンルについては特に決めていませんでした。適当に目についたものから読んでいたような気がします。ただ情報が偏らないようにいろいろなジャンルから選んでいました。野球のものを読んでみたり、全く関係のないものを読んだりしたことで、柔軟な考え方ができるようになったと思います。

当時好んで読んでいたのは、松下幸之助と田中角栄、それとユダヤ教についての本です。松下幸之助は言うまでもなく、松下電器（現パナソニック）を一代で大企業にのし上げた起業家、田中角栄は新潟の田舎から立身出世で総理大臣まで昇りつめた政治家、共に痛快なエピソードがあって引き込まれました。ユダヤ教については、当時ある人から「結局世界を支配しているのはユダヤ教だ」と言われ、どういうことだ？と関心を持ったのです。

今ではあまりこれらのテーマの本を読むことはないのですが、読書の習慣自体は今も継続しており、いろいろなジャンルの本を楽しんでいます。

本にはなるほどと思える事柄や言葉が必ず一つか二つあって、そういうことをもっと覚えておけばよかったなぁと今になって思います。心に残る言葉を一つ一つ書き記すなり、せめて折り目をつけるなどして覚えておけばなぁ、もったいないなぁと思うことが最近よくあります。

野球、ビジネス、歴史……様々なジャンルの本を読んで柔軟な考え方を身に付ける。

16

自分のこだわりを持つことについて

「一日に一回このトレーニングをしなければならない」「昼食にはいつもあのメニューを食べると決めている」――。このような「自分のこだわりを持つ」ことでパフォーマンスを高めようとする人がいる。しかし、それがストレスになることはないだろうか。

僕には、「こうしなきゃいけない」といった自分のルールみたいなものはあまりありませんでした。

プロ野球選手は遠征ばかりです。シーズン中は半分がホテル暮らしということになります。安心感のある自宅から通うというわけではないので、いろいろなことに頓着《とんじゃく》しなくなっていきます。

例えば、この枕じゃなきゃ寝られないとか、この布団《ふとん》じゃなきゃダメだなんて言う人もいますが、そういう決めごとを作ってしまうと、それがない時にストレスを感じてしまいます。ましてや、その枕なのに寝られないなんてことになると、またストレスになります。つまり不安要素が増えてしまう。そういう意味でも僕は若いうちから「郷に入れば郷に従え」のポリシーでやっていくべきだと思います。どんな環境でも寝られるようにしておく。新幹線でも熟睡できて、近くにジムがなくてもその場で腕立て伏せをしてトレーニングする、食事も必要なものを自分で探して買ってくる、といったことができるようになっておいた方がいいと思います。

九〇年代のヤクルトは、アリゾナ州のユマというアメリカの片田舎でキャンプをやっていました。約一か月日本から遠く離れて生活するわけですが、最初の年、一つ上の先輩から「お前、向こうに行ったら食べるものがないからいろいろ持って行った方がいいぞ」とアドバイスを受けました。プロのキャンプですから、さすがに食べるものがないということはないだろうと思って、僕は特に何も持っていかなかったのですが、驚いたことにその先輩はスーツケースまるまる一つ分の食料を現地に持って行ったのです。その先輩は和食じゃないと力が出ないとのことで、それだけ持っていってもまだ不満そうに過ごしておられたのを覚えています。とても敏感というかナイーブな先輩でした。一方僕はというと、食に鈍感ということもあるのですが、いつも食べているものと違っても、特に困ることなく、このキャンプを過ごしました。

今から考えてみたらその方は食に限らずいろいろなことに敏感で、こんなことでは厳しいだろうなぁとは思ってはいましたが、案の定プロの世界では成功することはありませんでした。

ルーティンやこだわりは大切なこともあるのですが、鈍感にならないといけない部分もあります。こだわっているものに過敏になって、ストレスを溜めてパフォーマンスを下げてしまう。そんなことならば僕は鈍感になることをお勧めします。自らのこだわりが、メンタルに余計な縛りを生んでしまうこともあるのではないでしょうか。

一時期イチロー選手が試合前に毎日カレーライスを食べているという情報が流れたことがあります。イチロー選手といえば、節制して、ストイックなトレーニングをしていることで有名ですが、そのイチローが毎日カレーを食べていると聞いて、世の野球少年たちがこぞってカレーを毎日食べ始めたそうです。

毎日カレーを食べなきゃいけないなんて、これはただの変人だぞ、と思って本人に確認したところ、これが全くのデマだということが判明しました。誰がこんなデマを流したのかわかりませんが、イチローだって全てにおいてストイックなわけではないはずです。人間、きっちりする部分とアバウトな部分、両方持ち合わせていないとメジャーの過酷な移動日程をストレス少なく過ごすことなどできないのです。

こだわりを持つことでストレスを溜めるくらいなら、
鈍感である方がいい。

17

理不尽な思いをした時

誰かの思い込みのせいで、自分の提案が採用されなかった、活躍の場を与えられなかった――人生には理不尽なことが次々に起こる。自らの目標に向かって進んでいる時に、理不尽な障害が現れたらどうするか。

皆さん、それぞれ多かれ少なかれ目標を設定し、それにたどり着くにはどうしたらよいかということを考えていると思います。ただ、そこにはありとあらゆる障害も存在するでしょう。なかには、とうてい納得できない、理不尽なものもあると思います。

目標が高ければ高いほど、そうした障害は付きものになります。しかし、ことあるごとにぶち当たる理不尽な壁くらいで、自らの目標を諦めていいのでしょうか?

少々の理不尽なことはあるでしょうが、それらと自らの目標を天秤にかけた時、果たしてこれまでの努力を無駄にしてしまうほどのものなのか?ということです。むしろ目標達成の長い道のりにおいて、理不尽な要素をバネにするくらいの気持ちでいてほしいです。逆境を乗り越えた人が大きく飛躍することなどよくあることで、「理不尽な思いをしなさい」とは言わないまでも、それくらいのことははねのける強い気持ちを持つことは大切だと思います。

僕も数ある理不尽なことをパワーに変えてやってきた方なので、たいがいのことでは落ち込まなくなっていきました。3割を打てば次は3割3分、その次は3割5分、というように、また優勝を果たせば、またもう一回優勝というように貪欲に取り組んでいました。こうした欲には際限がないので、身体が続く限り、また新たな目標を立てて強い気持ちでやっていくべきではないでしょうか。

僕が直面した理不尽なことといえば、プロ入り前にメガネをかけたキャッチャーは大成しないというレッテルを貼られてドラフトで指名されなかったことです。あの時は

「メガネの選手は必要ない」とはっきり言われてしまったのですが、不思議と全く辞めようとは思いませんでした。メガネをかけてプレーする以外選択肢のない僕にとっては一見絶望的な状況でしたが、より強いモチベーションが湧いてきました。

たかだか何十年かの野球の歴史で、メガネのキャッチャーがいないというのなら、最初のメガネのキャッチャーになれる可能性があるということに希望を持ちました。ダメだという人がいるなら見返してやろうと、自分のパワーに変えていきました。

せっかく目標に向かって頑張っているというのに、理不尽なことが襲いかかると諦めたくなるというような気持ちはわからなくもありません。それをなかなかパワーに変えられないという人は、その理不尽を強《し》いる人を思い出してみてください。あんな奴にだけは負けたくないという人を。そう考えると、おのずと力が湧いてくると思います。そんな人のために簡単に夢を諦めてはいけません。

理不尽な思いをパワーに変える、強い気持ちを持て。

18

批判との向き合い方

プロ野球選手にとってファンやマスコミからの批判は付きものである。中には辛辣《しんらつ》なもの、馬鹿にしているのかと思えるものもある。こうした批判に対して、どのように向き合うべきか。

耳の痛い話、批判、そういうものが入ってきてしまうことはあります。若いうちは気にしてしまいがちなのかもしれません。僕の場合はファンの方やマスコミの方からの批判よりも、監督からの叱責の方が厳しかったのですが、そうしたことは叱咤《しった》激励だと思いながら自分の中で前向きに処理していました。

それでも今の時代はインターネットなどもあり、時として不特定多数から批判を受けてしまうことはあるでしょう。これについては、慣れていくしかないのかな、と思います。いろいろなことが耳に入ってきても、そのうち慣れてくる。慣れてくると、気にしていても仕方がないという境地に達してきます。今では「鈍感力」などという言葉がありますが、まさにその通りではないでしょうか。普段からアンテナを張っていろいろと情報を集めるということも大切ですが、ナーバスに批判も受け止めていると、何もできなくなってしまいます。

批判的な意見というのはたいてい声が大きい。例えばインターネット上、匿名で書かれる批判などはヒステリックで声高な論調になっています。とても気分のいいものではなく、真に受けてしまうと誰だって落ち込んでしまいそうになります。しかし、一見たくさんの人が書き込んでいるように見えますが、よくよく見ているとと実際は一人の人物が繰り返し書き込んでいたり、極めて少ない人数で書きたてていたりしています。

一方で、声なき支援者というのも存在します。ネットでヒステリックに文句を言ってくる層より、現実はこちらの方がはるかに多いのではないか、と思います。匿名で批判する人たちというのは不平不満を持っているわけですから、どんどん攻撃的なことを書いてきます。やがて相手にされなくなると、ますますヒステリックになっていくという循環を繰り返します。一方で、声なき支援者の方はいちいち「賛同しているよ」「支援しているよ」と書いてはきません。なので、自分を応援している人が少ないと感じたら、自分には声なき支援者が多いのだと思えばいいのです。

また批判が嫌だからといって情報を閉ざせとは言いません。批判の中には役に立つものもあります。時として良いアドバイスを受ける可能性もある。見えなかったものが見えてくるかもしれない。ですから批判というものは一回受け入れてみることもありだと思います。ただし、どんな批判にもいちいち心を動かされるということはやめた方がいい。過去の体験を忘れることも重要なのですが、そのような「忘れる能力」を何とか身に付け、必要以上に気にしないようにして、批判をサクサク消化していくことをおすすめします。

叱責は前向きに受け止め、批判はサクサク消化する。

19

言い訳をする選手、ふんぞり返る選手

みんなが一つの目標に向かって努力している時に、一人のメンバーの言い訳や態度がチームに悪影響をもたらすことがある。そのことで周りの信頼を失っていることに、本人は気づいていないことも少なくない。

野球には常に成績が付きまとうものです。時に指導者の指示に従って動いて悪い結果になったりすると、言い訳の一つもしたくもなるのでしょう。また、状況説明のつもりで、「あのコーチに言われたからやってしまった」と言った場合、結果的に言い訳にしか聞こえないということもあったりします。

結果を素直に受け止められないということも、あるのかもしれません。しかしプロ野球の選手である以上、結果は受け止めなくてはなりません。わざわざ球場に足を運んでくれて一打一投に一喜一憂してくれるファンを喜ばせられるかどうか、結果が全てなのです。

実際、そのつもりがなくても、責任を転嫁《てんか》するような、または結果を受け入れられない人というのは生き残ってはいけません。その次の努力や準備につながりませんし、冷静な分析もできなくなってしまいます。

独り言なのか、ついつい言い訳がましいことをベンチやロッカールームでアピールしてしまうようなタイプもいます。しかし、言い訳がましいことというのは、たまたま耳に入ってしまったものであっても、聞いていて気分のいいものではありません。団体競技において、このようにチームメイトを意図せずとも不快にさせてしまうようでは、同じ目的をもって戦う一員としては快く迎え入れられません。やがて疎外されてしまいます。

「悪い結果になってしまったけど、それは自分のせいではない」ということはあるものです。そんな中、文句も言い訳もなくじっと我慢している人は、チームメイトから信頼を得て、我慢しているあいつのためにも頑張ろうという気持ちにさせます。結局、チームプレーにおいて言い訳はするものではないと思います。自らの言動に対してチームメイトがどのように思うか、常に気を配る必要があるのです。

僕も人のせいにしたいなということはありましたが、すべて我慢してきました。そういうことで信頼を得てきたと思います。

例えば、アウトコースを要求したのに投手のコントロールミスでインコースになり、その結果打たれてしまって監督から「何でインコースに投げさせるんだ‼」と怒られる、ということがあります。その時に「投手のコントロールミスです。僕はアウトコースを要求しました」と言いたくなりますが、それを言ってしまうと監督から〝言い訳する選手〟と思われ、投手陣からは「抑えた時は自分の手柄で、打たれたら投手の責任にする捕手」と思われます。結局いいことはないのです。ぐっと我慢をした方が、信頼を得ることができます。

投手にしてみれば明らかなコントロールミスなのに「代わりに怒られてくれた、悪いな」と思う気持ちが芽生え、「次はあいつのためにもしっかりやろう」と思ってくれるのです。

また、ベンチではふんぞり返ってのんびりしてしまう人も問題になります。ベテランになると、若い頃のように怒ってくれる人もいなくなり、口は達者になり、練習量も減るためか、どうしてものんびりしがちになってしまう人もかつてはいました。しかし、身体が太ってきて、足も遅くなって、その流れに身を任せてしまうようなベテランは若手にも悪影響を与えてしまいます。

しかし最近は、ベテランになっても逆に人一倍練習をやって節制して頑張るという選手が増えてきました。ストイックにウェイトトレーニングをこなし、二十代の選手よりいい身体をキープするようなベテランは、若手からも敬意を得られます。こういう選手がいるチームはおのずと強くなっていきます。ベテランが横着して、体型からしてそろそろ引退か、という雰囲気が出ていると、そのチームは危険な状態かもしれません。

言い訳は進歩の敵。先輩は若手の鑑《かがみ》となれ。

20

ベテランになっても生き残る選手、消える選手

年齢を重ねると、どうしても体力が衰えてしまい、若い頃にはできたことができなくなってくる。これまでの経験をうまく生かすには、どのような態度で臨むべきか。

スポーツの中でも野球は比較的選手寿命が長い方でしょうか。これは野球、特にバッティングが非常に技術の比重が大きい作業であるということが大きいと思います。

陸上競技のように心肺機能や俊敏性が問われるスポーツのピークは、二十代後半から三十代前半というところでしょう。それに対して野球は技術力が問われる要素が多いと言えます。

ここで改めてバッティングという作業を考えてみましょう。バットという85センチ前後の棒を思い切り振り回し、そのうちの約7センチしかない芯という部分にボールを当てるために、〇・四〜〇・五秒の間に曲がるかどうか判断し、表面が丸いものどうしを接触させて遠くに飛ばさなくてはいけないという作業です。言葉にしてみただけで実に難しい作業であることがわかります。僕自身、数あるスポーツの中でも最も難しい作業なのではないかと思っています。技術力が高くなければできないスポーツです。

それはすなわち、加齢による肉体の衰えを技術でカバーできるということでもあります。速い球を投げることや、走るスピードに関しては、三十歳を越えてくると、ピークを維持することは難しくなってくるのですが、バッティングは年齢が上がっても技術を磨けば大きく成績が下がることはないと言えます。

裏を返せば、ベテランはこのバッティングを磨かないと生き残れないということです。物理的に追いつかなくなる部分は捨てて、経験値や技術を生かして生き残っていくのです。自分が持っているものの中で、何が良いかを選択してそこに集中することが大事になってくるのです。そして、それ以外については捨てる勇気を持たなければならないということです。

ピッチャーについても同様のことが言えます。かつて投げていた150キロの剛速球がもう投げられないから駄目だというのではなく、スピードは140キロでいいから技術や経験を生かしていく。年齢を重ねれば、球威は落ちますが、変化球をコーナーにつく技術や、相手を翻弄《ほんろう》する術は長《た》けてきます。

ベテランになると、若い頃と違い、アドバイスをしてくれる人も少なくなります。自分で現状を把握し、何が必要か理解し、冷静に否定するところは否定する。諦めるというのは難しいことですが、捨てる部分は捨てる。そして生かせる部分を選択しそこに注力することが大切なのです。実際に、それができた人たちがベテランになってからも生き残っています。


若い頃にできたことができなくなっても、経験を積んだからこその「持ち味」を生かせ。

21

十代にやっておくべきこと

ここで述べることは、野球に限らず、他のスポーツでも、芸術活動でも、あるいは受験勉強にも通じるはず。自分の可能性を信じて頑張ってほしい。

十代にやっておくべきこととして、最近特に思うのは、シンプルに諦めない気持ちを持つことではないかと思います。僕の感覚で言いますと、諦めない奴ほど最後まで生き残っています。

野球に限らず、何かを続けていると、確かにどこかで諦めなければならない状況になります。冷静に考えたり、周りからも言われたりして、諦めなければいけない時は来るわけです。それが僕の場合は四十二歳だったわけです。野球の場合、四十二歳まで続けられる人は少なく、大学を卒業する時点で辞める人は二十二歳で、高校なら十八歳で野球のキャリアを終えなくてはならない。これは仕方がないことなのですが、これ以前に自ら自分の可能性を縮めてしまうのはいけません。その時が来るまでは諦めないでほしいのです。青臭い言い方かもしれませんが、可能性がある限り上を見て突き進んでほしいのです。

今の時代はとかく便利になり、パソコンやスマートフォンからあらゆる情報があっという間に手に入ります。情報が取りやすいということは、一見いいことではあるのですが、同時に悪い情報も手に入りやすいということでもあります。弱気になっている時に、前向きではないマイナスな情報も簡単に入ってきてしまう。その結果、こんなことで諦めるべきではないということで諦めてしまう人もいます。

僕らが子供の頃は今のように情報が入ってきませんでした。相手チームに凄い奴がいるらしい、という噂があったとしても、監督に「同じ高校生だ！　あいつにできてお前たちにできないことなどない！」と強く言われてしまえば、ただただ「はい！」と答えて、本気で倒せるぞと思ったものです。情報がない分、余計なことは考えず、ただ前向きにぶつかっていくことができました。

諦めずに続けていれば、自ずと可能性は広がっていきます。小学校で圧倒的な実力だった子も、中学生で追い抜かれたりします。中学校でとても手が届かないと思えた選手を、高校生になって追い抜くこともあります。若いうちは急にグンと成長することが多々あります。それもいつ来るかわからない。

これはプロに入ってからでもあることで、私たちはドラフトで下位指名の選手が突如大ブレイクし、スター選手にのし上がるというケースを何度も見てきました。もちろん、彼らの努力の賜物ですが、そもそも諦めずに続けてきたということも重要です。成長する時期というのは人それぞれ違うのです。今の若い子たちにはその可能性がある以上、まずは決して諦めることなく、強い気概を持って続けてほしいのです。

次に変化を恐れず、柔軟な対応を心がけてほしいと思います。

前述のように、昨今は情報が氾濫《はんらん》しています。同じことをするのに、Aという情報、Bという情報、Cという情報というように一気に三つ入ってくることがある。こうなるとどうしていいかわからない。迷いが生じてしまうのです。昔ならば「こうしろ！」と言われれば、他にオプションがないので、そうするしかなかったのですが、今はそうはいかない。仮に指導者が「こうしろ！」と言っても、YouTubeでは有名な野球選手が全く別のことを言っているなんてことがある。目の前の指導者がいくら強く言ってもそれがすぐには響かない。こうした迷いというものは往々にして成長を妨げます。

ただ、僕は迷うものがあるのなら、その分いろいろとやってみたらいいと思うのです。全く違う二つの情報が入ってきたのなら、迷わずどちらも試してみる。トライ&エラーを繰り返し、有益な情報かそうでないのかはやってみなくてはわかりません。せっかくたくさんの情報が入ってくるのです。自分から閉ざしてしまうなんてあまりにももったいない。いろいろな情報があるのなら、自分に合うものがわかるまでやってみたらいいのです。一つのやり方にとらわれず、変化を嫌わないことが大切です。こうした柔軟な考え方が成長につながるのです。

ただ、こうして頭を使うこと、有益な情報を探すというようなことばかりに気を取られると、忘れてしまいがちになる大事なことがあります。それはハードワークです。何事も基本的にはハードワークが必要であるということです。結局のところ、情報を取り入れるだけでは上達はしません。身体を使って強くするという作業を怠っては、元も子もないのです。

情報を取り入れ、取捨選択することと、身体を使うハードワーク、この両方をしっかり取り込むことを忘れないでほしいです。十代は未熟です。だからこそ、こうやって続けていくことで急激に強くなったりするのです。若い世代には自分の可能性に大いに期待して頑張ってほしいです。

①諦めない気持ちを持つ
②変化を恐れず、柔軟な対応を心がける
③ハードワーク

第

2章

チームで勝つ

1

個々の力は劣っても、チームとして強者と張り合う方法

一九九〇年代ヤクルトスワローズは、個々の能力が抜群に高かった読売ジャイアンツと激戦を繰り広げ、何度もリーグ優勝の栄冠を手にした。特に一九九五年のシーズンがその典型例だといえる。このシーズンの勝因は何だったのか。

野球もそうですが、社会に出れば多くの場合一対一の戦いという局面ではなく、チームでの戦いになっていきます。そうなると大事なのは役割分担ではないでしょうか？　自分はどのようにチームに貢献できるかということです。自分の力が発揮できる分野はどういうところか。強者と弱者というより、自分がいかにチームに貢献し、チームを勝

利に導くか、組織力を上げていくということが大切になってきます。こうした考えがあれば、一対一では勝てなくてもチームとしては勝てるということはよくある話ではないでしょうか？

まず自分の得意な分野は何かを知り、見合った才能を見出すことが大事なのではないでしょうか。

個々の力が弱くてもチームが勝った実例と言えば、一九九五年にヤクルトが日本一になった例がわかりやすいでしょう。この年のシーズン前、多くのメディアからヤクルトは弱いと言われていました。この年のチームの戦力補強は、オマリーとミューレンという、それぞれ阪神、ロッテを解雇になった外国人だけでした。あまりにも心細い戦力補強で、こうなるとチームは得点力を望めません。そこで我々は得点力がないなりの戦略を立てたのです。

すなわちロースコアのゲームを目指し、守り抜いて勝つ野球に特化しました。オマリーという選手はこの年、攻撃面でのポイントゲッターになりますが、当時の助っ人外国人の中では迫力のあるホームランバッターではありません。こういう助っ人は勝負を避けられるということはありません。シーズンで四〇本も五〇本もホームランを打つような外国人ならば、相手バッテリーも無理して勝負せず、四球でもいいという考え方になるのですが、そこまで打たない選手には勝負をしてきます。

そのあたりは本人もしっかり認識していて、決して大振りをせず、コンパクトなスイングできっちりタイムリーを量産するというスタイルを貫きました。こうなると、周りの選手にもオマリーの前に塁に出ようという意識が徹底されました。

弱い部分はしっかり認識して、その上で、ではどうしたら勝てるのかと考え、それに見合った戦略を立てて戦ったのです。弱者だということは認識しているので、がっぷり四つでは勝てないのはわかっています。ですから、時に奇襲をかけるということもします。奇策も用います。

逆に、戦力の豊富なチームは油断するというわけではないですが、普通にやっていれば強いのですから前年とさほど戦略は変えてきません。このことも弱者ならば逆手《さかて》に取るべきでしょう。相手は去年と出方や傾向が同じなわけですから、こちらの対策は立てやすいのです。データを駆使し、隙を見つけては突いていくという対策が生きるのです。

強い側がしっかりした準備をして、さらに強くなる補強をされるとなかなか倒せないのですが、強い側というのは往々にして「そのままで大丈夫」という空気に支配されてしまうのです。

結果、弱いと言われたチームはリーグを制し、日本一まで昇りつめました。一対一では勝てなくても、チームとして勝った典型的な例ではないでしょうか。

弱い部分をしっかり認識し、あまり戦略を変えてこない強者の隙を突く。

2

自分なりのリーダーシップをどのように身に付けるか

組織のリーダーは誰しも、自らの指針、チームの向かうべき方向性を定めなければならない。新たにリーダーに任命された時に、組織を率いていく方法を見定めるにはどうすればいいのか。

リーダーに任命された時、自分なりのリーダーシップをどう発揮していくのか。

やはり組織として、あるいはチームとして、良い結果を追い求めていかなくてはならないということが基本になります。その上で、無理に自分のオリジナルのリーダーシップを確立しようとする必要は全くないでしょう。情報が閉ざされた時代ならば、全く新しい考え方を生み出す必要はあったのかもしれませんが、本やインターネットなど情報が氾濫《はんらん》している現代においてはむしろ何の影響も受けない方が不自然です。それらの情報の中にはいい方法も溢れているのですから、利用しない手はありません。自らの経験則も含めて、過去の良きリーダーの考え方、行動、人心掌握術などの情報を取り入れて、自分の置かれた環境に当てはめればいいと思います。

オリジナルにこだわるあまり情報を閉ざしてしまうより、先人の良いアイデアを自分の環境に照らし合わせて判断していく、それこそが自分なりのリーダーシップということになるのではないでしょうか。

僕が経験したリーダーシップと言うと、まずは野村監督ということになります。九年間「ＩＤ野球」というスローガンのもとお世話になりました。ＩＤ野球というのはデータ重視の野球ということで、当時脚光を浴びましたが、これはあくまでもキャッチフレーズみたいなものです。僕たちはデータを駆使し、準備段階から相手の考え方や傾向への対策を練り、さまざまな事柄をインプットし、先読みするという野球を目指しました。身体だけでなく頭も使って、考える野球を遂行しようというコンセプトです。

しかしこういうことを大々的に提唱してしまうと、人間、どうしてもテクニカルなことを優先してしまいます。データをもとにやっていればうまくいくんでしょうという考え方だけに特化してしまう。現実的にはこれではうまくいきません。やはり相手がいることなので、データさえあればいいという甘い考えでは、全力でぶつかってくる相手に対してどうしても受け身になってしまう。そうすると、後手になってしまうというジレンマにぶち当たります。

ここを誤解されやすいのですが、実際の野村監督の考えは違いました。野村野球の根底では、やはり向かっていく気持ち、生活がかかっているのだから絶対に負けないというプロの闘志、そうした気迫や気概を前面に押し出す姿勢が求められました。根底がそこにあって、その上にちょっと頭を使ってもう一歩前に行こうという考え方です。もっとシンプルに言うと、がっぷり四つでは勝率は5割以下だけど、頭を使う方法を加えて5割以上にしていこうというのがID野球の実態でした。

野村監督のリーダーシップはシンプルに教育が中心です。徹底的に教え伝えることで選手の成長を促します。野球以前に、一社会人としての立ち居振舞いから正していきます。その上で、ミーティングを重ねることで求心力を高め、チームの目的を事細かく説き、一人一人が優勝を目指し一丸となる組織を作り上げました。

野村監督のこの方針は、これまでのリーダー像とは一風変わっているので、選手は面喰らいました。当時は体育会の雰囲気が全盛でしたので、リーダーといえば声高に叱咤激励し、「気合いだ！」「自分に負けるな！」といったわかりやすい言葉でぐいぐい引っ張るタイプが主流でした。ところが野村監督は大きな声を上げることもなく、これまで勉強とは縁遠かった野球選手に対して、キャンプ中には毎日毎日最低一時間のミーティングを行い、野球以外のことを含めて諄々《じゅんじゅん》と説きました。野村監督は選手時代、ベストナインに一九回も選ばれたという実績もありましたから、「この監督の話さえ聞いておけば、強くなれる、成長できる、勝てる」と信じて、この監督についていこうと決意しました。球界では極めて新しく珍しいタイプのリーダー像だったと思います。

一方、次の監督になられた若松勉さんの手法は対極のリーダーシップでした。ご自分主体のミーティングは最初からやりません。野村監督のように前に立ってぐいぐいやるスタイルではなく、各セクションの担当責任者であるコーチに任せるスタイルを取りました。これには当時チームが過渡期に差しかかっていた事情もあり、若い選手に伸び伸びやってもらうという狙いがあったのです。選手の入れ替わりが急務の中、二軍選手の台頭を期待できる環境作りをされました。

野村さんは全選手、自分の方針を把握していなければ気に入らない、いわばトップダウン型だったのですが、若松さんはボトムアップ型でした。各コーチの進言を受け入れ、全体は把握しつつ、個々の育成は近い担当者に任せ、その上で全体を底上げできる環境を作られたのです。

このようにリーダーシップの手法には監督によってもいろいろあります。そのどれが合っていて、どれが間違っているということではありません。良いところもあれば、悪いところもあるということです。したがって、このリーダーシップが正しいという解答もありません。まずこのようにいろいろな手法があるということを理解した上で、それぞれのいいところだけをうまく取れればいいのですが、現実的にそんなにうまくはいきません。ただ、いろいろな手法があることを知っていることで、一つのやり方を決めなくても状況や環境によって使い分けるということはできるでしょう。

手を変え、品を変え、という意味ではありません。いろいろな手法が懐《ふところ》にあれば、この現場ではこの組織づくり、この環境ではこのリーダーシップというように、組織に合わせて柔軟な対応ができるようになります。そうして柔軟に対応していくことで結果的にいい組織が作られていくのではないか、と考えます。

教育型の野村監督、コーチ一任型の若松監督……
リーダーシップに正解不正解はない。
さまざまな方法論を知っていれば、柔軟に対応できる。

3

組織の一体感を生み出したい時

組織全体を一つの目標に向かわせるために、組織のリーダーがなすべきことは何なのか。さらにプロ野球の監督には、一軍のみならず、基本的に「別のチーム」といえる二軍の状態も把握しておくことが求められる。細やかな目配りのために必要な習慣とは。

どこの世界でも組織で戦い、組織の目標を達成するために活動しています。リーダーたる者はまずその目的は何なのか、組織内で明確に共有しておかなくてはなりません。利益、お客様の笑顔、それ以外の数値目標、いろいろあるでしょうし、複数あるのかもしれません。いずれにしても当面組織として何を目指すのかということを共有する。次に、それを実現するために一人ひとり発言しやすい環境を作っていかなくてはなりません。

その上で、全体の風通しを良くしていかなければ、有益な発言を吸い上げられませんし、当然のことながら、明るさや厳しさも備えもっていかなければならないでしょう。そしてその目標が達成された時、チームの皆さんに達成感をもたらし、喜びをみんなで分かち合える環境を作っていければそれが理想的なのではないでしょうか。

プロ野球も同じことで、やはりチームが勝つという目的をみんなで果たしていくということになります。しかしどうしても自分の個人成績が気になってしまう、そういう人がいるのも事実でしょう。特にボーダーラインの人はそういう傾向にあります。やはり一軍ぎりぎりの人には、チームに貢献したくても、個人の成績が落ちれば二軍に落ちてしまうという不安があります。

プロの世界では二軍でダメだと今度はすぐにクビになってしまいます。その恐怖を頭の片隅に抱えながらプレーしている選手もいる中で、数字以外のチームへの貢献度合いを評価されず、二軍に落とされてしまってはモチベーションは上がりません。やはり組織の利益を第一に掲げている以上、組織作りの中で個人成績以外の評価も汲んであげられるような環境を作らなくてはなりません。個人成績に表れない組織貢献を行っている選手の心情を慮《おもんぱか》ることが求められるのです。

このように一軍のチームを「勝利を目指す集団」として統率することに加え、プロ野球監督には、二軍の状況も把握して、一軍・二軍全体の組織づくりを考えることが求められます。

もちろん、一軍と二軍とは別チームだと言えるので、この二つを両方把握するためには、基本的には担当責任者との連携を強めるということに尽きると思います。

野球の場合、監督の下にはピッチングコーチ、バッティングコーチ、守備走塁コーチといったように各セクションの責任者がいます。僕の場合、それぞれにレポートを課すといったようなことはしませんでしたが、コーチミーティングや首脳陣ミーティング、あるいは食事の場などを設定してこまめに意見交換の場を作りました。そうすることによって、考え方やどんな選手がどんな悩みを持ってどこを目指しているか、といったような細かい情報を共有したのです。

それと同時に、選手に個別でアドバイスする機会も設けていました。一人ひとりのコンディションを見ることは難しいですが、時々直接選手と接することで雰囲気をつかむということはしました。

とはいえ、細部に関してはコーチたちに任せている以上、権限と責任も与えるようにしていました。その上で、最終的な勝ち負けについては自分が責任を取ると明言しました。

ともかく、コーチ陣との風通しを良くするということが、全体を把握する上では重要だといえます。

個人成績以外の評価を汲んであげるような環境を作り、チームの目標を一貫させる。首脳陣のあいだでこまかな意見交換を怠らないのも大切なこと。

4

「ひげ・茶髪禁止」に意味はあるのか

現役時代、ヤクルトではひげや茶髪は禁止されていた。「それと野球は関係ないだろう」と考える人もいるだろう。「ひげ・茶髪禁止」はメンバーにどのような効果をもたらすのか。

ひげだから茶髪だからダメということではなく、規律を重んじているということを伝えることが大切だと思います。

とかく、個性とか、個の力の大切さということが取り沙汰されます。野球にはサインプレーなどはあっても、いざプレーになると個の力に頼る部分も多く、個性が大事であることは言うまでもありません。ただやはりチームなので、全体として規律は必要です。これは野球に限らずチームとして動くもの全てに言えることでしょう。

　さらにプロ野球選手は子供たちのあこがれであり、目標であるという大きな社会的責任を背負っています。ある程度範となるような言動がなければいけません。それは、服装を含めた見た目についても言えることです。その意味でも、チームの方針として、規律は大事であると宣言していいと思います。これは選手自身にとっても役に立つことなのです。

　プロ野球選手は高校を出て、あるいは大学・社会人を経てプロに入ってくるわけですが、一般企業に就職するのに比べ、社会人教育や研修の類《たぐい》を受ける機会が少ないといえます。NPBが一応新人研修というのを行っていますが、一日か二日先輩の講演を聞いたり、マスコミ対応に備えたりする程度で、強制力も薄いものです。

　するとどうなるか。個性というものをはき違えている奴が出てきます。目立つために奇抜な格好をして、「野球とは関係ないだろう」と言うタイプです。こういう異色の選手は、往々にしてプレーにも身勝手さが出てしまうということがあります。

　野球は塁を四つ進んでいって得点になるというスポーツですから、そのプロセスの中で当然自己犠牲を求められるシーンもあるのですが、そういうタイプの選手は我関せずで「俺が打てばいいんでしょう」と考えています。こういう人が何人かいると、そのチームはやはり勝てません。

僕の監督時代、ひげや茶髪の禁止はしていませんでしたが、規律を保つことの大切さを全体に知らせる意味でも、度を越したひげや金髪などは禁止していいと思います。仮にそのルールに従ってひげを剃ったら野球をやる気がしなくなるというのなら、辞めてもらっていいでしょう。

僕が入団した頃のヤクルトは外国車に乗ることも禁止でした。さらに一年目の選手は運転すら禁止でした。その前に在籍していたトヨタでは私も含めて、ほとんどの方がマイカー出勤でしたので厳しいなぁと思いました。やむなく、神宮球場に行くのにも毎回先輩が運転する車に乗せてもらっていました。自分で運転するなど、それこそ社会人としての自己責任で、事故を起こしたとしても個人の責任という気がするのですが、それほど厳しかったということです。

当時は寮の門限も十時半でした。早いなぁと驚きました。もちろんトヨタにはなかったです。ナイターの試合が長引いて普通に十時半など過ぎることはあるのですが、寮長にいちいち試合が長引いたので遅れますという電話を入れていました。

身なりや門限を厳しくすることで全てがうまくいくわけではないが、置かれている立場や社会的責任を感じさせるためには必要だ。

5 歳の離れた選手や外国人選手などとのコミュニケーション

コミュニケーションがとりづらいと一般に思われる相手——歳の離れた先輩・後輩、外国人選手、さらに「そりが合わない奴」とのコミュニケーションをいかに図るべきか。

年の離れた先輩、後輩とのコミュニケーションはどうすればいいか。ここで一番いけないのは遠慮がちになってしまうということです。

当然我の強い先輩となると、自分が投げたいように投げようとする人もいるでしょう。後に触れますが、このあたりは何とかなります。逆に困るのは、僕が先輩になって若いピッチャーを受けるときに遠慮されることです。

ベテランになってから若いピッチャーを受けると、当然僕の方が経験も知識もあるので、黙ってついて来いという手法でもいいのかもしれませんが、それだと若いピッチャーが何も考えなくなってしまう。考えないと、打たれても抑えてもその理由は明確にならず、結果として成長はありません。

なので、僕は若いピッチャーには僕のサインに対して首を振ってもいいと伝えました。「投げたいボールがあってサインと違うなら首を振りなさい」と。バッテリー間のサインのやり取りとは、要するに会話です。若手が意思を伝えやすい環境は作ってあげないといけない。もちろん、それでも何も主張せず、ただ僕のサインに従うだけのピッチャーもいるにはいました。しかし、NOのリアクションがないと、その人の考え方がわかりません。考えがわからないとコミュニケーションは成り立たなくなってしまいます。

首を振れと言っておきながら、時に絶対ダメだと突っ返すこともあります。こちらは裏付けがあって、投げたい球を投げてはいけないシチュエーションだと伝えているのです。僕がつき返すことでピッチャーもここは本当にダメなのだということを理解します。仮にその場で理解しなくとも、後で説明ができます。これがお互い遠慮のないコミュニケーションです。チームはこうしてお互いの心のうちを理解しあわなければいけません。

他方、ベテランのピッチャーは自分の良し悪しはわかって投げています。キャッチャーとのコミュニケーションも取れていますので、意見が食い違うことはそうありません。

ベテランは彼らなりに考えて自分の投球パターンに持ち込もうとします。キャッチャーは基本的にはそのスタンスに従う形でリードします。首を振られたら、サインを変えます。若い選手に対してはサインを変えない場合があると言いましたが、ベテランの場合、僕がこの場面ではこの球が最適だと思ってもサインは変えるようにしていました。

実績のあるピッチャーはそういう場合、経験不足が原因で首を振るのではありません。首を振ってまでリスクのある方を選ぶのですから、首を振るという行動にも重みがあります。そこには強い意思や責任が反映されているので、若いピッチャーの時とは違ってサインを変えてその意思に従うようにしていました。

一方、外国人に対しては特に積極的にコミュニケーションを取るように心がけていました。話してみてわかったことですが、ひとくくりに外国人と言いますが、それぞれ全く違います。話をしてみないと全くわかりません。わからないと、キャッチャーとしては良いパフォーマンスを引き出すことはできませんから、なるべく理解しようと努めました。

外国人選手はそもそも思考のベースとなっている価値観が異なります。例えば、自慢の球を投げて、それを打たれたのなら悔いはない、という考え方の選手がいたりするわけです。日本人や日本の野球をハナから舐《な》めている選手もいる。考え方、文化、ハングリネスに至るまで、日本人では考えられない、というケースが見受けられます。またアメリカ人とドミニカ、ベネズエラなどのヒスパニック系も根本的に異なっているので、その辺の理解も必要です。

新しい外国人が入ったら、僕は積極的にロッカーに行き、食事にも連れ出し、なるべくどういう考え方の人物か知ろうとしました。逆に彼らの方からも積極的にコミュニケーションを取ってくれるようなタイプだと、日本で成功する可能性も高いです。

今年からDeNAで監督を務めるラミレスはベネズエラ人ですが、「メジャーではアメリカの監督はアメリカ人ばかり優先して使ってくれない。だから僕は日本でずっとやっていきたいんだ」と言っていました。日本を踏み台にして、チャンスがあればメジャーに戻ろうとしている外国人が多い中では変わったタイプです。当然、彼は日本の文化を受け入れました。だからこそ日本で2000本安打を打つ史上トップクラスの外国人選手になったのですが、彼の姿勢を見るにその成功も頷《うなず》けます。

最後に、そりの合わない人とのコミュニケーションについて。僕は基本的には誰とでも話せばわかると思っているタイプなのですが、それでも意見が合わず、議論が平行線のままの人というのはいると思います。ある程度までは話はしますが、これは距離あるなぁと思ったら僕は無理にそこから理解しようとは思いません。深入りしない方がいいでしょう。

仮に意見が合わなかったとしても、彼は彼なりに自分のパフォーマンスを出してくれれば、全体像としては同じ方向に向かっていくと思っています。もちろん、問題が起きたら指摘しあえばいいだけです。

ただ、話もしないで、先入観や偏見で人を判断するのは違うと思います。自分の経験から言っても、人は見かけによらない、話をしてみたら意外にいい奴だったなんてことはよくあることです。話をしてみて合わなかったら距離を置いたらいいだけのことです。

チームはなるべくお互い心のうちを理解しなければならない。しかし、「これは距離があるなあ」と思った場合は無理に深入りしなくていい。

6

能力の引き出し方

リーダーとして組織のメンバーの育成に携わる時、人を育てることの基本を認識しておかなければならない。人が成長する際の必要条件、育成の基本姿勢を考える。

ある個人が成長するためには、まず個人のビジョンを持たなくてはなりません。自分は一体どうなりたいのか？　何になりたいのか？

例えば漠然とプロ野球選手になりたいということではなくて、どんな選手になりたい、という風に明確にした方がいいと思います。イチローでもいいですし、アマチュアの一年上の先輩でもいい。業界が違ってもいいのです。「金持ちになりたい」でもいいですが、より明確に「孫正義さんになりたい」とか「ユニクロの柳井さんになりたい」などと具体的な方がいいでしょう。ああいう生き方をしたいという理想像を持つべきです。それを見つけたら、あとはそれに向かってハードワークです。

ビジョンとハードワークが基本です。ハードワークは正しく課題を見つけて克服していくという作業の繰り返しです。

とかく成長が遅れる人、伸び悩む人、能力がなかなか発揮されない人というのは、前にも述べましたが、努力はするのですが間違った努力をしているということが見受けられます。そういう人に共通しているのは新しいことをしないとか、変化を恐れてしまうということです。こういう選手の能力を引き出すためには、違った観点から詳細なアドバイスを送ることが重要になります。

もちろん、新しいことにチャレンジさせるわけですから、必ずしもそれが即座に反映されて好結果を生み出すとは限りません。しかし失敗してもダメもとなのであって、トライ&エラーを繰り返していくうちに結果というのは出てくるものです。

僕はそういう人へアドバイスをする際は、最初から押し付けるようなことをしないようにしました。その人なりのトライ&エラーを繰り返し、煮詰まったところで新しいアドバイスを与えるようにしていました。

ところで人を育てる時に、相手から嫌われることを恐れてなかなか厳しいことが言えない人がいます。しかし少なくとも野球で言えば、そもそもリーダーの資格とはチームの勝ち負けに責任を負うことであり、人に嫌われたくないから作戦を変えるとか、言いたいことが言えないというのは論外です。

ただ、もちろん選手に厳しいことを言った方がいいのかどうかはケースバイケースで、言った方がいい結果が出ると思うなら厳しく言うべきです。厳しいことを言ったら嫌われるとか、そんなことを考えても気を遣うだけで何もいいことはありません。

実際、選手によっては伸び伸びやらせた方が力を出す人もいます。そういう人には好きなようにやらせたらいい。逆に「指示待ち族」なんて言葉があります。細かい指示を与えないと力を発揮しないタイプもいます。中にはガツンと言われた方が、気合が入るという人もいます。要するにいろいろな人がいるわけで、しっかりタイプを見極めて対応すればいいのではないでしょうか。

人を育てる時には、まずビジョンを持たせる。
次にハードワーク。
「厳しいことを言ったら嫌われる」などと考えても無意味。
相手がどうすれば力を発揮するタイプなのか見極めよ。

7

人に自信を持ってもらいたい時

キャッチャーとして投手の能力を引き出すためには、相手に自信を持ってもらうことが肝要だ。投手をその気にさせる「声のかけ方」とは。

自信を持たせるのに、「You Can Do It!」といった前向きな言葉をかけて鼓舞するということもありますが、別の方法もあります。人それぞれ目指すものは違いますし、気にかけているものなども違うでしょう。ただただ「大丈夫」と言い続けるのもいいですが、どうも自信を持てない人が何を目指し、何を気にかけているかがわかれば、それに乗って喋《しゃべ》ってあげることが必要だと思います。

練習では良いピッチングをするのに、本番では今一つその実力が発揮できないという投手がいます。野球界でよく「ブルペンエース」と呼ばれてしまう投手です。持っているものはいいし、まじめに取り組んでいるのだけど、どこか心根が優しすぎるのか、対戦相手が立つと緊張してしまうのか、本番では力を発揮できない、そういう選手は存在します。

僕が現役の頃、球速はあるのですが、時に制球難に苦しんでいる投手がいました。好調な時はバシバシと決まるのですが、ひとたびストライクが入らなくなるとどんどん悪くなってしまい四球を連発し、自滅してしまうということが続いていました。

ある時、彼が僕にこう言ってきました。「本番でストライクが投げられるコツがわかりました。もう大丈夫です」。

「お、そうか、何がわかったんだ?」と聞くと、

「はい。実は僕には投げる前にフォームのチェックポイントが一九個あるのですが、その全てがうまくいった時にはコントロールが乱れないのです」

はっきり言って、一九個は多いなぁ、とは思いましたが、ピッチャーにはたまにこう

いうタイプがいます。足の上げる位置、グラブを構える位置、肩の位置、角度、腕の上げ方、丁寧に一つ一つ投球フォームを解析し、チェックするタイプです。彼は特にそういう分析が好きなタイプでした。

そんな彼がある公式戦で、最初の3イニング、相手に付け入るスキを与えない完璧なピッチングをしていました。ところが次のイニング、突然ストライクが入らなくなりました。あっという間に先頭打者を四球で出してしまいました。

すぐにマウンドに行き、どうしたと尋ねても、なにかフォームがしっくりこないようで、はっきり原因がわかりません。インターバルの間もずっとフォームばかり気にしています。そんな彼に僕はこう言いました。「さっきから見ていて思ったんだけど、最初の3イニングと比べて前の肩が2センチくらい開いているぞ」。

すると、彼は急に目を輝かせて「あっ！　そうなんですか⁉」と驚いて、前の肩だけを意識し出しました。そのあとはきっちりストライクが入り、見事三人で抑えたのです。

正直なところ、僕は彼の一九のチェックポイントが何か知りませんし、遠くから見て前の肩の2センチの開きなど、わかるはずがありません。ただ、彼がそういうことが好きそうなので、適当に言っただけなのですが、集中するポイントが良かったのでしょう。本人にとってたまたまいいアドバイスとなって後続を抑えたわけです。なにより、自信に満ち溢れた表情を浮かべていました。

つまり自信を持って投げたいという選手に対しては、ただ持ち上げればいいのではなく、本人が自信を持てる方向性で話をしてあげるべきでしょう。本人がやりがいを感じていることは何かがわかれば、そこを刺激して集中させてあげる。アドバイスする側の都合ではなく、される側の都合にあわせて内容を考えてあげるのがいいと思います。

自信を持たせたい時は、相手の考え方、都合に沿って内容を考える。

8

仕事をする順位

マネジャー業においては次々に新しい仕事が課されるが、その仕事をどのようにこなしていけばうまくいくのか。仕事に優先順位をつけて、大事なものから片づけていくのか、それとも……。

僕は普段から仕事内容に応じて優先順位をつけないようにしています。ではどうしているかというと、上から順番に片づけるという極めてシンプルな方法をとります。一般的には内容や相手などで仕事の優先順位をつける人が多いのかもしれませんが、僕は問題の重い・軽いや相手が誰であるかにかかわらず、順番にサクサクこなしていくように心がけています。よほど熟慮を重ねなければいけない重大な事案だけは別ですが、そうでなければ、後回しを作らず、さっさとこなしていくべきです。

監督の仕事をしていますと、何かと早急な決断が要求されます。監督の仕事には選手の起用であるとか、一軍二軍の昇格降格といった結構重要なことがありますが、こうしたことでも早急な判断が必要です。

僕もご多分に漏れず、監督を受けた当初は慣れないこともありました。朝起きて、例えばメールが一〇件来ているとしましょう。最初の頃は一〇件を見渡して、優先順位を決めてから回答していました。すると何が起こるかというと、「簡単なものは後でいいや」となってしまうのです。簡単なものほど後回しになっていくわけです。

簡単に返事ができることだから後でいいや、と保留にしていると、相手は「こんな簡単な案件なのに、なかなか返事が来ない。大丈夫か？」と不安になりますし、仕事が遅いのか？と疑われてしまうことにもなりかねません。ましてや、忘れて返しそびれたりしたら、「こんなことも回答できないのか」と信頼すら失いかねません。このように相手の心情を考えて、問題は次から次へと、見えたものから順番に返事していくということを心がけました。

そもそも仕事がうまくいかないということには、「決定が遅れる」ということが大きな要因になっているのではないでしょうか。YESでもNOでも、あるいは△でもいいのですが、決めなくてはならないことの決定は早くするに越したことはないと思います。これをもたもたして遅れてしまうと、言い訳をするきっかけを与えてしまうなど、さらに問題を深めてしまうということもあるような気がします。

監督時代にこんなエピソードがありました。プロ野球の現場では、毎日試合終了後、監督・コーチ陣が集まってミーティングを行います。今日のゲームの反省点、注意事項や翌日以降の作戦、誰を先発起用するか、ミーティングの内容は多岐にわたります。

そんな中、あるポジションについて明日のゲームでAという選手を起用する予定になっていたのですが、担当のコーチがBという別の選手を使うべきだと進言してきたのです。

こうした進言は監督としてはとてもありがたいことです。しかし正直なところ、その段階ではAかBか決めかねたのと、試合が翌日の夜だったことから翌日の昼までに回答するとして、その日のミーティングは終え結論を保留しました。

結局、その晩AとBどちらを使うか考え、進言してくれたコーチの意見も尊重しようと、翌日の昼にB選手でいくことを告げました。

結果的にはこのB選手、残念ながら全く期待に応えることができませんでした。抜擢《ばってき》した選手が必ず活躍するとは思っていないので、これは仕方がないことです。そして、責任の所在は監督である僕にあります。

ここで問題なのは、進言したコーチがせっかくの進言が実らなかったと嘆いてしまうことです。なぜ進言したのに、結果が出なかったのか。昨日のうちに使うと言っておいてくれたら、もっと活躍できたのではないか——ということを考えてしまう。急にスタメンを言い渡されたから、充分な準備ができなかったのではないか？と。

もちろん、プロの選手には、前の日にスタメンを言われてなかったからダメでした、などという言い訳は通用しません。しかしそんな言い訳すら考えさせてしまう環境を作ってしまったのは、僕の決断が遅れたせいです。Aであれ、Bであれ、前の晩にしっかり言っていれば起こらなかった問題でした。そして、進言したコーチの心情を考えて、言い訳の材料になる可能性があることを考慮すべきでした。

このことからも、拙速になってしまってはダメですが、物事は出来るだけ即断即決が求められるということです。またデッドラインの見極めも重要で、自分が早い方だと思っていても周りからその決断は遅いと思われてしまえば、それまでなのです。時として即断即決を怠ると、組織がうまく回らない要因になってしまうのです。

簡単で些細《ささい》な案件のメールほど、すぐに返信する。即断即決が肝要。

9

大差で負けている時

序盤で対戦相手に大量点が入った時、逆転するためにはどのような姿勢が必要なのか。ややもするとあきらめムードが漂ってしまうような状況で、チームがとるべき方針とは。

野球は九回で行われますが、時に初回に五点、二回終わって八点差をつけられるような、いわゆる大量点差で負けている状態に陥ることがあります。そのような状況にどう対処するか、ということですが、ここで一気に返そうとするとだいたいの場合失敗します。

では、どうするのか。どれだけ点差が広がっていても、序盤であれば一点を返すことを考えるべきです。一点を取ったら、また次の一点を取りにいきます。一気に返そうとすると、どうしてもホームランが欲しくなり、大振りになってしまいます。これでは相手の術中にはまってしまいます。

相手の投手、大量点差を守る側の心境を考えてみましょう。彼らからしてみたら勝ったも同然なわけですから、早くマウンドを降りたい、早くこのまま終わりたいと考えます。ですから、基本的にストライクをどんどん投げてきます。そんな中、大振りをしないで長打を狙わず、ランナーをこつこつと溜められたとします。投手はこう考えます。さらにランナーを溜められて満塁になり、四球などで押し出しという事態だけは避けたい。これだけの点差でいったい何をやっているんだ?ということになる。恥ずかしい事態になる。なんとしても押し出し四球だけは避けたい……。こうした心理が強くはたらくと、今度はど真ん中にストライクを投げてきます。攻撃側はそういう状況に追い込んでから、しっかりと打っていくのです。

仮にこつこつ攻撃していったことで、八点差の状況から三点を取ったとします。不思議なもので、中盤に差しかかる状況での「八点差からの五点差」というのは、○対○から突然五点差にされるのとは同じ点差でも全く違います。追い上げている方は、まだまだいけるぞ、というムードに包まれます。

まだ取り返すチャンスがある限り、諦める必要はありません。九回2アウトで一〇点差ならば現実味はありませんが、中盤の五点差であれば、まだまだ機会も時間も残されています。一点でも二点でも返すことによって希望が生まれ、相手側に焦りが生まれます。実際、序盤の大量点差は近づいていくことがよくあり、逆転することもあります。追われる側の弱みと、追う側の強みを最大限利用して、チャンスはあると思ってやっていくことが大切です。

ただ、大量得点差で負けている時に投げる投手は集中力がなくなるものです。いわゆる敗戦処理投手です。彼らも本当は大事なところで投げたいと思っているので、ややもするとモチベーションが下がってしまいます。そんな時には必ずこう言います。

「これはテストだ、ここでいい投球ができれば、次がある」

敗戦処理で気持ちが乗らない投手も、これがテストで次に向かうチャンスだと思えば頑張れます。そして投手が抑えていけば、逆転のチャンスが生まれるのです。

一気に大量点を狙おうとせず、追う側の強みを利用し、
追われる側の心理を読め。

10

チームの連敗が止まらない時

チームの連敗が止まらない。こんな時、リーダーとしてすべきことは何か。控え選手の「抜擢」を行うなど、いろいろ策を講じることなのか、それとも……。

長らく勝負事を繰り返していると、「泥沼」などと表現される連敗に陥ってしまうことがあります。そのようなチーム状況が悪い時にありがちなのはやたらと「動いてしまう」ということでしょう。奇襲のようなことを試みてみたり、メンバーをがらりと変えてみたりということです。

ただ、いろいろなことをやればいいというものでもないのが現実であって、往々にしてそうした奇策も失敗してしまうことが多いのです。

刺激を求めるのはわかりますし、周りからどうするんだ?と圧力がかかり、何かしなければならない、という事情もあることでしょう。ただ、もともと実力が一番高いメンバーがレギュラーとして試合に出ているのであって、それを変えるということは、単純かつ客観的に言って、実力の落ちる選手を起用することになります。もちろんそういう時だからこそと奮起して、起用された選手が活躍することもないとは言いません。しかし、そううまくはいかないことも多いわけです。そうすると、ますます策がなくなっていき、深みにはまってしまいます。

そもそも経験が浅く、実力もやや下がる選手を連敗中に使うのは、その選手が非常に前向きで、こういう時こそ力を発揮するタイプだとわかっていればいいのですが、そうでない場合はあまりおすすめできません。控えの選手はレギュラーを確約されているわけではないので、チームの状態が良くない時に使ってもポジティブにはなりにくいのです。五連敗中に自分が使われて、六連敗してしまうのではないか?と考えてしまうのでこういう連敗時に必要な考え方は、「三つ負けたら、さすがに四つ目は勝つだろう」と無根拠でもポジティブに考えることです。バッティングでも同じですが、三回凡退したら、普通のバッターで2割5分なのだからさすがに四打席目はヒットを打てるに決まっている、と考えるのが望ましいと言えます。実際、そういう考え方ができる選手が生き残っていきます。プロ野球の成績をざっくりと見れば、だいたいどのチームも5割前後の勝率なのですから、三回も四回も続けて負けたということはさすがにそろそろ勝つ頃だと考えるのです。能天気な話に聞こえるかもしれませんが、そういう選手が多いと、チーム全体もポジティブになれます。

そして、指導者もそういうことを言っていかなければならないと思っています。「日々、新たなり」。連敗が続くと暗くなり、元気もなくなり、悪いことばかり考えてしまいがちですが、昨日までのことは忘れて今日頑張ろうという姿勢が必要なのです。そして実際にそれを口に出して、チーム全体の心理状態をポジティブにすることが大切です。

仮に五連敗したとしましょう。机上の計算では借金5などと言われます。マスコミからもファンからもいろいろと言われてしまいます。しかし一日の試合を派手に勝ったところで、借金5をいきなり完済することはできません。借金がいくら増えたところで、現実では一つ一つ勝ち星を返していくしかないのです。

トータルのことをああだこうだ考えても何も意味はなく、積み重ねの原理を貫くしかありません。連敗だからといちいちめげて気にしているようではダメで、連敗したから、そろそろ勝つぞと思うことが大切なのです。

「連敗したからそろそろ勝つぞ」と考えて、それを口に出すことが大事。

第

3 章

野球観戦から学ぶ

1

頭を使っている選手

プロ野球を観戦していて、頭を使っている選手とそうでない選手を見分けることはできるのだろうか。相手の心理を読んでいるか、読んでいないかを判断する例を挙げる。

しっかり頭を使っている選手とそうでない選手、これはやはり差が出てきます。ミーティングでの姿勢やデータの読み取り方などにその違いは現れます。

チームにはスコアラーという、敵チームのあらゆるデータを持ってくる役割の人がいます。これらの情報の中に、例えばあるピッチャーはファーストストライクをストレート、スライダーいずれかで取ってきて、その確率は六：四であるというデータがあるとします。六：四となると、プロの世界ではほとんど五分五分と捉えます。

実際本当に五分五分というデータもあったりするわけですが、こういうデータを活用するというのは非常に難しい。実際プレーする選手にとってこれはあまり役に立たないデータと言わざるを得ません。まず、こういうデータにしがみついてしまう選手は頭が悪いと言ってしまっていいでしょう。

では頭を使う選手はどうかというと、変化が出る時はどういう時かを追究する人です。データを自分のものにしたいという人は、常に差が出たデータを求めています。アウトカウントによってなのか、ランナーの状況なのか何かで、普段五分五分のものが明らかに変わってくるようなデータを求めるのです。

たくさんのデータの中に、その投手独特の偏りが出ることがあります。ランナーがスコアリングポジションの時には、このピッチャーはストレートでファーストストライクを取りにいくというように。実際そのシチュエーションになるかどうかはわかりませんが、常に先回りして正しい準備、必要な準備をしようとする姿勢が大切です。

先ほどからファーストストライクの話をしていますが、「ファーストストライクを打つ」ということも実は重要です。打者は追い込まれたら打率が落ちていきます。頭を使っている選手はファーストストライク、セカンドストライクの情報に気を配ります。そして積極的に、打者有利なカウントで打っていこうとします。

癖を探すということに関しても同様です。ある選手にどういう傾向が出るのか、偏りが出るのかを細かくチェックします。よく、「ただ来た球を打てばいい」とか、「ストレートを待って変化球が来たら対応したらいい」などと言いますが、それが簡単にできるのなら苦労はしません。プロの打者がみんなストレートを待って変化球に対応して打っているなんてことになったら、4割バッターはとっくに出ているでしょうし、野球が成立しなくなってしまうかもしれません。

やはりプロの投手は「相手に打たせまい」とありとあらゆる努力をしています。ストレートを待って変化球を打てればそれはそれでいいですが、レベルが上がれば上がるほど、それは至難の業になっていきます。ある程度、的を絞れる偏りや根拠があれば、そこを追究しなくてはなりません。

勉強ができる、できないの差とは異なります。ミーティングの受け方、データの読み取り方といった、姿勢の違いなのです。

次に、試合中の心理戦について取り上げてみましょう。「この選手は頭使っているなぁ」と思える選手は、先回りしようとしている選手です。

例えば、あるバッターがインコースの速球に振り遅れてバットをへし折られて凡退してしまったとしましょう。バッターにとって、バットをへし折られることは屈辱です。あのバッターはインコースを打てないという印象を、対戦相手に、お客さんに、テレビの視聴者に与えてしまう。そして一度そういう打ち取られ方をすると、同じように打ち取られるわけにはいかないというプロの意地が芽生えます。もう一度インコースの速球が来たら打ち返してやろうと、振り遅れないようにマークします。

この状況で、次の打席にキャッチャーがアウトコース低め、変化球主体で攻めたなら、そのキャッチャーはしっかり頭を使っています。本来、インコースを突いて打者が振り遅れたり、バットが折れたりすると、ピッチャーにとってもそれなりに快感があります。もう一回行ってやれと思いがちです。ですが、前述のように打者には打者の意地があります。一度あることを意識させたら、うまくいったことに執着せず、その裏を突くのが大事なのです。

解説者の中にも、たまに同じように続けたらいいと言う人がいますが、それは高校野球までのレベルです。このケースでせっかく先手を取ったのに、同じ方法をとって打たれたりするシーンを見ると、頭使ってないなと思ってしまいます。

打たれた場合にも先回りは重要です。例えば、ストレートを投げて会心の当たりでホームランにされたとします。その打者に対して次の打席どうするか？ この場合、打者としては会心の当たりで打っているわけですから、先ほどのようなストレートはもう投げてこないだろうと思います。今度は変化球を打ってやろうと思うのが、ほとんどの打者の心理です。

にもかかわらず、先ほどストレートを打たれたから変化球から入ってしまい、あっさりまたしても打たれてしまうというケースがよくあります。こういう時こそ、打たれた球と同じ球種から入るのです。ズバッと裏をかいてカウントを稼いでいく。それを見せて、「またストレートがあるんだ」と思わせてから違う球種を使っていく。こうした相手の心理を利用した配球ができると、頭を使っているな、となります。

逆に、自分の感覚だけに頼ってプレーするというのは危険な行為です。相手の心理を読まずに痛い目に遭うということに加え、記憶に残った印象に左右されてしまいやすくなることも問題だと言えます。そうなると、客観的なものの見方ができず、負ける可能性を増やしてしまうのです。

あるピッチャーがホームランバッターに対して、自分で最高と思えるストレートをインサイドに投げ、それを特大ホームランにされてしまったとしましょう。さらにそれが、ゲームの勝敗を決める大きな一打になったとします。

多くの投手はこういう場合、「たまたま打たれてしまった」とは思いません。自慢の渾身《こんしん》の力を込めたストレートがものの見事に打たれた、もうこれで俺のストレートは通用しないのだ、と考えてしまうのです。打たれた印象が強すぎて、必要以上に「もう駄目だ」となってしまう。

しかし、よくよく冷静にデータを見てみると、その一本は強烈な当たりでしたが、そのバッターはその投手のインコースのストレートを1割にも満たない確率でしか打っていない、ということがあります。1割も打てていないとなると、プロの世界では抑えている方です。たまたま打たれただけというのが正しい判断なのですが、印象の強いホームランのためにもう投げられなくなってしまう。そうすると、打者の方もやがて「もうインコースのストレートは来ない」という偏りが出ていることに気づき、甘く入った変化球をまた打たれてしまうということになりかねません。

バッターにも同様のことが言えます。感覚だけにとらわれてしまって冷静な判断ができなくなる。たかだか一打席、たまたま打ち取られただけという解釈ができない。感覚だけに頼ってしまうと、どうしても印象に引きずられてしまい、客観的な判断を失ってしまうのです。

頭の良し悪しの差は、データの見方と、相手の心理の読み方に表れる。

2

チームにとって価値の高い選手とは

二〇一五年、二人のトリプルスリー選手が誕生した。彼らのチームへの貢献度は計り知れないが、では監督にとっても最もありがたい選手とは、どのような選手なのか?

自らが監督をやっていた経験から、どんな選手がありがたかったか、価値が高いと感じたかを考えてみます。

そうすると、僕ならまず先発ローテーションをしっかり一年間守ってくれる選手を挙げます。イニングイーターなどとも言いますが、一年間、中5日か中6日、ケガなく、穴を開けずにローテーション通りにまわってくれる選手です。一年間先発で通すのですから成績もいいでしょう。勝ち星に関しては、恵まれたり恵まれなかったり、仕方がない面がありますが、200イニング投げてもらえたら言うことはありません。

その中でも最もありがたいのは、八九年以降のジャイアンツ・斎藤雅樹投手のように連続完投してしまう投手です。現代野球では二〇勝投手は数年に一度しか現れませんが、その二〇勝を二年連続でマークし、一人で投げて一人で勝ってしまう。分業制が当たり前になった中で、ブルペンを完全に休めてその上ローテーションを守り切って200イニング以上を消化する。監督にとって最高にありがたい選手でしょう。

その次に値打ちが高いのは、試合数の半分ぐらいに登板して、ほぼ毎日準備しているセットアッパーです。彼らは時に年間70試合以上に登板します。勝っていても負けていても関係ありません。もちろんその先に「抑えの切り札」もいますが、その前に勝敗がどちらに傾こうと常に準備して登板する彼らが、チームに与える安心感は絶大です。にもかかわらず、この中継ぎという役割の選手の記録や成績は、長い間正当に評価されませんでした。今でこそ、最多ホールドというタイトルができましたが、かつては先発には勝利、抑えにはセーブがつくのに中継ぎには何もつかず、人知れずほぼ毎日準備しているのに報われないポジションでした。現在は少しは評価されるようになりましたが、それでもまだまだ十分に評価されていないと思っています。

私がもっと語り継がれるべき恐ろしい記録だと思っているものに、阪神の左投手、福間納《おさむ》さんの偉業があります。一九八三年、福間さんはなんと中継ぎで最優秀防御率（2・62）のタイトルを獲っているのです。防御率のタイトルというのは本来先発に与えられる賞で、試合数以上のイニングを投げなくては獲れません。通常、リリーフ投手がこのタイトルを獲ることはほぼ不可能です。福間さんはこの年二度先発したとはいえ、ほとんど中継ぎで規定投球回数の130イニングをクリアし、この偉業を成し遂げました。今ではちょっと考えられない驚異的な記録だと思います。

打者ではやはり、昨年両リーグを賑わせたトリプルスリーという記録に代表されるように、打って守れて走れる選手の価値が高いといえます。言うまでもなく、3割、30本塁打、30盗塁という凄い記録です。30盗塁できる選手ですから当然足も速く、昨年の柳田悠岐《ゆうき》、山田哲人もそうであったように三番を打ち、後ろの四番バッターがヒットを打てばすぐに点につながるというケースが頻発します。これはチームにとって非常に価値があります。

さて、アメリカでは30本塁打、30盗塁のさらに上の、40本塁打―40盗塁を達成した選手が四人もいます（ホセ・カンセコ、バリー・ボンズ、アレックス・ロドリゲス、アルフォンソ・ソリアーノ）。この記録が打率3割も含めるトリプルスリーとどちらが凄いのかという議論がありますが、僕はこの場合、打率が2割5分であったとしても40―40の方が凄いと思っています。40本塁打ともなると、打点も100打点をかなり上回る可能性も高く、チームへの貢献度は計り知れません。また日本では実現していない記録ですが、近い将来見られるとしたらそれは文句なく圧倒的に価値のある記録だと思います。

監督にとって最高にありがたいのは、ローテーションを守り切って200イニング以上消化する選手。

3 洞察力の磨き方

バッターの行動を予測するために、キャッチャーは何をしているのか。洞察の確かさを高めるためには精緻《せいち》なデータが必要になってくるが、どのようなデータが求められるのか。

洞察力とは相手のちょっとしたしぐさや動きを見て、次に起こるであろうことを予測することです。キャッチャーの場合、相手のバッターが何を考えているか、どんなボールを狙っているか、その狙いが球種なのか、方向なのか、といったことを細かく察知する能力のことを言います。

野球に限らず、人は何か行動を起こす時、何らかの心理が働いて、または動機があって行動します。バッターが打席に立つ時も必ず何らかの目的を持ち、その目的に向かってバットを振るにしろ、見逃すにしろ、根拠や動機があって行動します。

動機はデータがないとさっぱりわかりません。何のデータもなしに、見知らぬバッターが打席に入った時に、何を狙っているのかを知ろうとしてもわからないのです。それがわかれば超能力です。また超能力無しに、狙いがいきなりバレてしまうようなバッターは、そもそもバッターとして生き残っていけません。

つまり過去の対戦などのデータをベースにしながら、ある程度の裏付けをもとに動きを見て察知するという作業になります。プロのバッターともなると、そうした心理を隠す能力にも長《た》けています。隠しているふりをして駆け引きをしてくる人もいます。そういう相手には、より細かいデータが重要になってきます。とはいえ、データも100%ではありません。そこまで白黒はっきりしてはいませんが、それでも少しでも確率の高いことを試していくということが大切です。

一球なり、二球なり、反応してくれることによって、相手の動きはわかってきます。初球、明らかに狙いと違ったという反応があった場合、次に同じ狙いで行く人、狙いを変えてくる人、または狙いが違ったことがバレてしまったと思った時だけ狙いを変える人など、さまざまです。これらもデータ化して、できるだけ自軍に有利な情報を蓄積します。

例えば、ランナーがいない時、ファーストストライクはストレートを待つというバッターがいます。しかしひとたびランナーがスコアリングポジションにいる時になると、投手が警戒して変化球から入るということを予測してファーストストライクを変化球待ちに変えるバッターがいます。まさに動機、理由があってボールを待っているのです。こういうバッターは顔つきだけ見ていても全くわからないのですが、データを取っていると、そのような狙いがわかってきます。

ただ見るだけで相手の心が読めるということはありません。そこが超能力と違うところで、ずっと観察することで少しずつ磨かれていくものなのです。普段からよく見る、よく感じるということが大切です。もちろん、100％当たる訳ではないのですが、失敗したらまたそれを次に生かし、傾向を見極めていくのです。

バッターの反応の動機、行動パターン、心理的傾向などを読み解くことが大切。それを窺《うかが》い知ることができるデータを蓄積し、打席での細やかな観察と組み合わせる。

4

チャンスに弱いと言われる人の特徴

チャンスで打てる打者と、チャンスに弱い打者の違いは何だろうか。ランナーなしではよく打てる人が、ここぞという場面では打てなくなってしまう心理とは何か。

僕はチャンスという局面において何をすべきかをしっかり理解し、それにしっかり取り組める人というのが勝負強い人だと思っています。

一方でダメな人はどうかというと、プロにおいては大きく二つの典型的なダメなパターンがあります。

一つ目は振れない人。バッターにとって、チャンスの局面などでスイングをするということは、実は勇気のいることです。何しろ良いと言われているバッターですら、3割しか打てない、つまり四球を割り引いても6割は失敗しています。そうすると、自信をなくしてなのか、もともとの臆病さからなのか、スイングをしなくなってしまう人がいる。おどおどしている間に追い込まれて、さらに確率を下げてしまう。プロでは初球二球目の打率は、・350から・400あると言われていますが、2ストライク以降は・150と言われています。ただでさえ少ない可能性を自らの臆病さでどんどんと下げてしまい、負のスパイラルにはまっていく。プロで生き残っていけない典型的なパターンです。

もう一つは何でも振る人。上記のようなケースがあるので、打たなければ何も始まらないと超積極的に振りにいく。もっともらしいのですが、何でもかんでも振りにいくのでワンバウンドのボールでも手を出してしまい、打ち取られる。結局、相手を助けてしまう。このタイプもプロでは生き残っていけません。

勝負強い人というのは、その局面ごとに状況を冷静に理解し、求められていることをしっかり判断していける人です。結果を恐れず自分のやるべきことだけをしっかりやる。仮に失敗しても結果に対して一喜一憂しない。こういうタイプは実際にいい結果を残し、プロの世界でも生き残っていくのです。

スイングしない人、何でも振る人になるな。

5

ケガに強い人

キャッチャーにケガは付きもの。二〇一六年から本塁上でのクロスプレーが禁止されるが、これまでキャッチャーはこのクロスプレーで数多くのダメージを負ってきた。ケガをしないコツ、そして、ケガをしても出続けることの効用とは。

ケガに対するケアは欠かせません。予防のためテーピングしたり、負担がかからないよう準備したり、体づくりに気を使ったり、いろいろあります。ただ現実的に、これさえしておけばケガをしないという魔法のような方法はないわけです。基本的には大ケガをしないようにする工夫というのが大切になってきます。

昨年からアメリカで、そして今年からは日本でも、本塁でのクロスプレー、すなわち捕手がブロックして走者がタックルするというプレーは禁止されました。皆さんも完全なアウトのタイミングなのに、外国人選手がキャッチャーを本塁上でタックルして落球を誘うというシーンをご覧になったことがあるかと思います。

90kg、100kgの外国人が全力で突っ込んでくるわけですから、その一瞬の衝撃は軽自動車にぶつかったくらいの力があるのではないでしょうか？　キャッチャーも防具をしているからある程度は衝撃を防げるのではと思われる方もいるかもしれませんが、そもそもあの防具はボールに対するもので、突っ込んでくる人間に対するものではありません。ケガもしても全く不思議ではないのです。

ただ実は、あのプレーにも衝撃を受けないためのコツがあるのです。あのプレーでケガをする選手は、だいたいタックルされる時に踏ん張ってしまう選手です。踏ん張るとまともにあれだけの力を受けてしまい、肩、ひざ、時には足首をケガしたりするのです。僕の場合は、いざタックルされるという瞬間、力を抜くというより、飛ばされる方に自ら動いて意図的に吹っ飛ばされていました。これをすると暖簾《のれん》に腕押し状態になって、派手には飛ぶのですが力は分散されるため、ダメージは最も少ないのです。話は逸《そ》れましたが、ケガというのはやはり程度の問題です。靭帯《じんたい》断裂や骨折、肉離れなど重いものから、二、三日すれば治ってしまうものもあります。

もちろん完全に休養を要するものもあるのですが、最終的にはその本人ができるかできないかというところに委《ゆだ》ねられるところもあります。他人には無理と思えるケガでも、本人が大丈夫と言って出る場合もあります。

七か月近くあるプロ野球のシーズン公式戦では、ほぼ毎日戦い続けるわけですから、毎回万全で臨めることなどないのです。多かれ少なかれ痛いところはあるわけで、それに対してどれだけ鈍感でいられるかというファクターも意外に大事だったりします。そうやって出続けている選手を見て他の選手が気概を感じることで、全体のレベルが上がっていくこともあります。

僕は一度、ファウルチップが原因で右手の薬指を骨折したことがあります。骨折ともなると、普通は長期離脱を余儀なくされるのですが、その頃の僕はまだレギュラーが確定したばかりで、休んでいる場合ではありませんでした。相当痛かったのですが、少しだけ休んですぐに試合に出場しました。

骨折を経験された方ならわかると思いますが、指が折れたままボールを投げるというのはなかなか厳しいものがあるのですが、耐え抜きました。その時に気づいたことは、試合に出ながら治るということもあるんだな、ということです。最初は激痛だったのですが、そのうちその痛みにも慣れてきました。

その後、宮本慎也が右手親指を骨折するということがありました。彼は「古田さんが骨折しても出ていたのに、俺が休むわけにはいかない」と言って試合に出続けました。その後、捕手の相川亮二が骨折した時も宮本が出続けたことを聞いて、出続けたのだそうです。鈍感の連鎖というのでしょうか。あまり信じられない話ですが、要は本人次第ということです。ただ、めちゃめちゃ痛いのは確かなのですが。

リスク回避には最大限のケアを。ただその一方で、不屈の闘志は伝承される。

6

内角球の克服法

プロ野球の打者はなぜ内角球を苦手にしているケースが多いのか。そして、それをどう克服すればいいのか。現役時代、一一一個の死球をぶつけられた経験に則して述べる。

プロの選手がよくインサイド、あるいはインコースの球が苦手などと言います。いったい何を恐れてしまうのか、ということですが、単純に当たったら痛いからです。はっきり言いますが、これはそうとうに痛いです。硬球というくらいですから石のように硬いものが凄い勢いで飛んでくるわけです。痛いに決まっています。なので、どうしても恐れが生じてしまい、身体の近くにボールが来ると、身体が開いてしまうのです。身体が開くと、ボールが来る前から振ってしまうなんてこともあるわけです。

要するにインサイド、内角球の克服のカギになるのは「いかに痛さを克服できるか」ということなのです。

どれだけ痛いのかという話ですが、酷い場合は骨折してしまいます。多少肉のあるところに当たってくれれば、痛いとは言っても、数日で痛みは引いてくる程度なのですが、固いところに当たると、骨折もあり、大ケガにつながってしまいます。僕の経験から言っても、固いところ、つまり肘に当たるのが一番痛かったです。最近でこそ、肘あてが認められたのでマシにはなりましたが、それでも他の部分は何とか我慢できても、ここを直撃すると我慢できません。

このように「当たったら痛いぞ」という怖さが頭にあると、人間どうしても腰が引けてしまいます。しかし、へっぴり腰では当然力が入らず、バッティングにはなりません。ですから、「逃げている場合じゃないぞ、プロで生きるということはこういうことなのだ」と割り切って腹をくくることこそが大事なのです。もう、怖がっていてもしようがない、これがプロの世界なのだと思い込むのです。

僕も歴代死球ランキングに入るほど、この硬いボールを何度もぶつけられてきました。正直に言って怖いものは怖いですし、痛いものは痛いです。しかしプロである以上、逃げ腰になっていてはどうにもならない、と強い信念を持って戦っていたことが、唯一の内角球の克服法だったと思います。

この話をすると、学生の頃からそんなに強い信念でやっていたのですか?と聞かれますが、やはりそこにはプロの壁がありました。アマチュア時代、一三〇キロ台の球は結構よけられるのです。仮に当たってもさほど痛くない。しかしプロに入って一四〇キロ、一五〇キロのボールが来ると、これはもうよけられません。また痛さも球速と比例します。

もう一つ死球に関して言うと、アマチュアでは稀《まれ》に打席の一番前に立たせて死球狙いで出塁するという光景を目にします。あれはナンセンスなので即刻やめていただきたいです。

確かにルール上、バッターボックスのホームベース側のラインを踏んでもいいので、ホームベースすれすれのところに立つことは違反ではないかもしれません。しかしこれは道義的な問題です。そういう選手がそのプレースタイルのままプロで活躍するなんてことはありませんし、ピッチャーに対しても失礼な話です。乱闘にもなりかねません。もしも当たってでも出塁しろ、という考え方の指導者がまだ存在するのなら、すぐにやめていただきたいですね。それはもはや野球指導ではありません。

内角球を克服するために、「このプロの世界で生きていくんだ」という強い信念を持つ。

7
流れを引き寄せる

野球の実況中継ではよく「このプレーで流れが変わった」などと言うが、そのような「流れ」は本当にあるのか。もしあるとしたら、それを自軍に引き寄せるためには、どうすればいいのだろうか。

「流れ」という言葉が正解かどうかは置いておいて、試合中の心理状態としていけそうな瞬間とダメそうな瞬間というのはあります。やはり前向きな姿勢が必要ですから、ダメだろうな、という心理状態になってしまうと、自軍の成績が好転することはありません。

野球に限らず、何事も勝負事にはミスが付きものです。よくミスが勝負を分けるだとか、ミスをした方が負けるなどと言いますが、実際その通りでしょう。勝っているチームがミスなく淡々と試合を経過させていけば、そのまま勝つ確率が高まりますし、逆に「そんなところでそんなミスをしてはダメだろう」と言わざるを得ないようなミスを犯すと、相手はいけるぞという雰囲気になって勢いづかせてしまう。これを「流れが変わる」と言ってもいいかもしれません。

ミスを犯そうと思っている人などいません。ミスにもいろいろあるのですが、その中でも大きく流れを変えてしまうミスというのがあります。野球においてその典型がフィルダースチョイス（FC）と呼ばれるものです。フィルダースチョイスを犯すと負けてしまうとまで言われています。

例えば、無死一塁の状況で三遊間にショートゴロが転がります。ショートが無理な態勢から二塁に投げてしまいセーフ、一塁も間に合わず、いわゆる「オールセーフ」となってしまう。二塁は無理だと判断し、一塁に投げていれば確実に一つはアウトが取れたのにもかかわらず、無死一・二塁というさらに悪い状況を作ってしまうのです。同じ無死一塁で、バントの処理で無理に前のランナーをアウトにしようとして失敗するケースもあります。これらが流れを変えてしまうフィルダースチョイスです。言うまでもなく、守る側の空気を非常に悪くしてしまうプレーです。

逆に負けている側からすれば、相手がミスを犯してくれれば「いけるぞ」という雰囲気が生まれるのですが、では相手がミスを犯してくれるのを待っていなくてはダメなのかというと必ずしもそうではありません。ミスは時に誘発することもできるのです。実際に、相手チームの傾向を見抜いてその狙いを外したことがありました。

試合終盤、二点差で負けている状態での一死三塁という場面がありました。こういう状況で考えられるプレーに、スクイズバントという攻撃があります。決まると大きなダメ押し点となってしまいますし、失敗すると、流れを止めてしまう作戦です。

こういう場面で、早くゲームを決定的なものにしたくてスクイズをしたがる監督と、リスクを恐れてしたがらない監督がいます。時に前者の場合、守る側としては狙って外すということがあるのです。相手を嵌《は》める行為なので、こちらにもリスクがあるのですが、監督がスクイズ好きで状況から言って可能性があると思えたら、すでに劣勢なのですからやってみて損はないでしょう。

　ここでのテーマは、相手がスクイズをしたくなるカウントに持ち込むということです。

　まず初球、ストライクで入ったとします。次に二球目、ストライクを取るようなそぶりでボールを投げさせます。三球目もわざとボールです。二球外してしまうと通常ならもうボールは投げにくいカウントです。スクイズしたがる監督はしたがる場面です。

　ここでボールを大きく外しピッチドアウトします。上手くいけば、ここで引っかかります。

　仮に引っかからなければ、今度は3―1というカウントです。次にボールを投げたら四球ですから、投手は必ずストライクを投げる、まさか続けてのピッチドアウトはしてこないだろうと考えます。そこでもう一度ピッチドアウトをしたところ、まんまとハマったということがありました。その時は、相手監督のスクイズをしたがる傾向、打者と走者の関係など、スクイズの条件がそろっていました。

　もしこちらの意図が見抜かれて四球になったとしても、もともと劣勢なのです。実際このスクイズが外れたことで、一死三塁という大きなピンチが二死走者なしという状況に変わりました。そして終わってみれば、このゲーム、逆転で勝利することができました。勝負をかけて流れを引き寄せた、値打ちのあるプレーだと思います。相手のミスを待つだけではなく、こうしてミスを引き寄せるということもできるのです。

相手の監督の傾向を読み、
作戦ミスを誘発させることで流れを変える。

8

打順についての考え方

監督としてチームを率いるにあたって、それぞれの打順にはどのような役割を期待するのか。二番打者に関する持論を展開するほか、DH制についても言及する。

もともと一般的に「最強の打者は四番に置く」という考え方が主流ですが、最近では最強打者は三番に置くのがいいと言われたりもします。確かに三番の方がチャンスに早く回ってきますから、そういう考え方も一理あります。このあたりはそれぞれの考え方でいいと思います。

基本的に三、四、五番、つまり日本でいうクリーンアップトリオの面々については多少の違いはあるにせよ、走者を返すという役割であり、まさにクリーンアップ（掃除する）ということでいいでしょう。彼らにはさほど細かいサインも出ません。打って返して、試合に勝つことを期待しているという監督のメッセージでもあります。

重要なのはその周りの打順の役割分担ということになってくるでしょう。一番二番を打つ選手には、走力があってしっかり塁に出られるということが求められます。ここに出塁率の高い選手がいるかいないかで、打線のつながりは大きく変わってきます。

よく一番が出塁して走れる選手で、二番がセカンドにランナーを送る、小細工ができる選手とくくられることがあります。二番は小技とバントのできる選手、などと言われます。

この辺はチーム事情もあるかもしれません。投手力が高く、最初からロースコアの展開を考えているようなチームならば、序盤から送りバントなどで一点を取りにいくというスタイルでも良いのかもしれません。しかしながら、このやり方ではあまり大量点は望めないでしょう。やはり序盤は一点を取るより、二点三点と取ってゲームを優位に進めたいものです。

僕が監督の時は、二番の役割としてバントでつないでもらうより、打ってつないでもらうことを考えました。一番二番共に出塁できて、足が速い方がありがたい。1イニングに三つしかアウトはないのに、わざわざバントで一つのアウトを提供してしまうのはもったいない。仮にどちらかがアウトになっても、どちらかが残ってワンアウトでクリーンアップトリオにまわれば、大量点の可能性があります。あわよくば序盤で完全に主導権を握ることだって可能です。

なので、僕は一番が出たら二番が送るという作戦の必要性をあまり感じず、ほとんど行いませんでした。終盤、送りバントを使うことはあるかもしれませんが、それでも送ることで必ず点が入るという訳ではないですから。

二〇一五年にセ・リーグ優勝を果たしたヤクルトの二番バッター川端慎吾は、結果的に首位打者を取りましたが、このことからもヒットでつないでいく二番の効果がわかると思います。僕も監督初年度、リグスという足のある外国人を二番に置きました。彼はその年本塁打を三九本打ったのですが、彼の活躍もあり、前年最下位だった得点数はリーグトップとなりました。

それでは、一番の前を打つ九番についてはどうでしょうか。ＤＨ制がないセ・リーグとＤＨ制があるパ・リーグでは九番の役割が変わってきます。

セ・リーグでは九番にピッチャーが入るので、中盤以降、代打の可能性が高くなります。またピッチャーには送りバントをさせることが多いので、一番の役割も変わってくるのです。一番バッターは基本的に塁に出るのが仕事となりますが、ツーアウトにしてまでも九番のピッチャーが送りバントをしてくるケースがあるので、セ・リーグの一番はそれを返す役割も求められます。そう考えると、極端な話、セ・リーグのようなケースでは一番から打てる順番に並べてもいいのかもしれません。

メジャーでもナショナル・リーグ（ＤＨなし）、アメリカン・リーグ（ＤＨあり）に分かれているのですが、最近、ナ・リーグでもＤＨ制を採用するかどうか検討されています。アメリカでは投高打低は好まれません。点取りゲームを楽しむことが求められています。打てないピッチャーが打席に立つ制度が無くなっても不思議ではありません。もしメジャーが完全にＤＨ制になったら、世界全体がアメリカのルールに追従する傾向があるので、セ・リーグもＤＨ制を取り入れることになるかもしれません。

しかしピッチャーがヒットを打つことで盛り上がることもあります。江夏豊さんの阪神時代の伝説のサヨナラホームラン（延長一一回まで中日をノーヒット・ノーランに抑えるも、味方打線も相手の松本幸行《ゆきつら》投手を打てず、〇対〇で迎えた一一回裏に自らのホームランで決着をつけた）みたいなことが今後なくなってしまうと思うと寂しい気もします。

投高打低で点が入らないことを嫌がるアメリカの野球に対して、日本の野球は若干違う価値観を持っているのも事実です。先ほどの犠牲バントの話のように「何とかつないで」という精神を日本人は好みます。ファウルで何球も粘る選手に拍手を送るというのも日本人ならではないでしょうか。

投高打低を恐れるがあまり、ストライクゾーンを狭くするという動きもありました。しかし、これは試合時間が長引くという新たな問題も生んでいます。野球は間合いも楽しめるスポーツなので、二時間で終わってしまってはさすがに物足りませんが、かと言って最近のように三時間半かかってしまうとやはり長いですね。何かと動きの早い現代社会では、やはり二時間半から三時間で決着がつくエンターテインメントになっていけばいいと思っています。

二番＝小技師のような固定観念は不要。
肝心なのは各々の役割認識。

9

春のキャンプで行うこと

「主力選手がさらに大きく成長を遂げるには、春のキャンプをどう過ごすかが重要だ」と思っている人は少なくないだろう。しかしそれは間違いで、春季キャンプはあくまで調整の場なのである。

プロ野球のキャンプには大きく二種類あります。シーズン終了後に行う秋季キャンプと、開幕前に行う春季キャンプです。「球春到来」などと言われるように、二月一日に始まる春のキャンプの方が一般的に大きく取り上げられます。

春季キャンプは基本的に三月のオープン戦に備えた調整という位置づけです。主力級にとっては三月までにベストコンディションになるようにする調整であり、主力でない場合も、一年間戦えるよう、与えられたポジションに対し、どう戦力になっていくか、逆算してアピールする場でもあります。つまりこの春のキャンプでは「試す」「鍛える」「覚える」ということはやりません。若手の中で一軍出場の照準がもっと先の選手は別ですが、少なくとも開幕に戦力として期待されている選手にとってはあくまでも調整です。

したがってこの時期に新しい球種を覚えたり、フォームを変えたり、打者なら打ち方を変えたりなどということはしません。そういった時間のかかることをこの時期に行って、その結果「どうも肘の調子が悪い」などということになったら、これほど迷惑なことはないからです。

プロが言う「鍛える」という行為は、主に身体を大きくすることと心肺機能を強くすることです。これらは秋・冬のうちにやっておきます。なので、春季キャンプで「一年間戦える体力を作るために走り込む」なんて言葉が出てきたら、それは嘘です。

春にもウェイトトレーニングをやっているところを見たという人もいるでしょうが、春には現状維持を目的とした軽いウェイトトレーニングしか行いません。

秋に行う身体を鍛える作業では、ベンチプレスでも「もう上がらない」というところまで追いつめてトレーニングします。ランニングも一緒です。もう無理というところまで追い込み、さらにもう一本、というところをやって身体を大きくし、心肺機能を強くします。こうしたギリギリのトレーニングを春にしてしまうと、ケガのリスクが高くなるわけです。なので、春はウェイトもランも、秋に貯め込んだ筋力を維持するという程度です。あとはノックやバッティングなどで技術を高めて調整します。

投手の新しい球種へのチャレンジについても同様です。これは時間がかかりますし、慣れないことをするので、ケガのリスクがあります。なので、こういうことは秋のうちにやっておくのです。秋のうちにやっておけば、仮にうまくいかなかった場合にも、またはある箇所を痛めてしまっても修正、回復する時間はあります。そして、うまくいったものについては春の練習に取り入れるのです。

特に十一月から一月にかけての「貯筋」は大事です。我々の世界ではこの時期の「ちょきん」は、「貯金」ではなく筋肉を貯めておくことを指します。前述の通り、春には重いものを上げませんから、この冬の時期にどれだけ大きくできるかが重要になってきます。

最近キャンプインの時に○kg増量という記事が出ていますが、それらはただたくさん食べてきて太ってしまったというのではなく、筋量を上げてきているということなのです。シーズンに入ってしまうと、もちろん体力維持でトレーニングもするのですが、連戦で疲れも溜まり、やはり体重は落ちていきます。僕の経験でも、夏場には5kgほど減ってしまうということがありました。多くの選手がシーズン中は体重が減ってしまうので、シーズンオフ時に身体を大きくしておくことは実に大切なのです。

また、キャンプの際テーマを持っている人とそうでない人との差は当然大きく出ます。テーマはひとそれぞれ違うでしょうが、課題の克服や求められているものを得るといったテーマが明確な人は、当然準備をしてきます。結果が全てのプロの世界において、こういうことに取り組んでレベルを上げていくというのは当たり前のことなのです。

僕の場合は、若松監督になってからは与えられたメニューはありませんでした。確かに全体練習のプリントはありましたが、僕のメニューは白紙だったと記憶しています。全体練習に二時間ほど出て、あとは完全に自己判断で調整していました。
メニューがないというのはさすがに極端な例ではありますが、要は与えられた役割で与えられた期日までにベスト、あるいはそれに近い状態までに仕上げるというのが春季キャンプなのです。

鍛錬や新球獲得は秋季キャンプで行うこと。春季キャンプで故障してはならない。

10

今と昔の指導法の違い

選手の力を引き出すに当たって、指導法そのものも進歩しているのだろうか。昔と今とでは、指導法はどのように異なっているのか。

今と昔の指導法の最も顕著な違いは、映像などによる動作解析などが目覚ましい進歩を遂げ、科学的な根拠が確立されたこと、そして、こういう新しい技術を利用するコーチ、指導者が増えてきたことでしょう。どうやって投げたらいいのか、打ったらいいのかを分析するのが、非常にわかりやすくなってきました。人によって合っているやり方、合っていないやり方も明確にわかるようになってきました。

昔は伝聞が基本でした。「あの有名な選手はこうしていた、こう言っていた」などといった情報に基づいた指導がなされていました。

結果を残した人達が残したいわゆる〝金言〟が間違っているとは言いません。しかし一つの事柄をメリットもデメリットも検証せぬまま、ただ正しいと信じ込むやり方はあまり論理的ではありません。また一つのことを信じ込むことで、他の方法の良さを否定し、必ずしもその人には向かないことも指導されていたということはあるでしょう。

具体的な例として、世界のホームラン王、王貞治さんを指導した荒川博打撃コーチの有名なお言葉に、「バットは傘を持つように持て」というのがあります。僕らが小学生だった頃、本にも載っていたので、おそらく本当に何かの機会で言われたお言葉だと思います。当時の少年野球の指導者の方々も、当たり前のようにこの言葉を使っていました。

要は、力を入れず、リラックスした状態でバットを立てて持ちなさいという意味だと思います。しかし今の野球界を見渡してみてどうでしょう。バットを傘のように持っている野球選手はほとんどいません。メジャーリーグなどを観ていると、むしろ構えている段階でバットを力強く動かして打っていく選手が大多数で、傘を持つように持っている選手は少数派であることがわかります。王さんは当時ホームラン王でしたから、それが正しいのだとみんなが信じ込んでいたのだと思います。

また「上から叩け」という言葉も当時の指導者たちがよく使いました。僕は今でも、王さんが荒川さんの指導のもと、畳の部屋で上からつるされた紙を日本刀で上から下へバッサリ斬っている白黒の映像をよく覚えています。畳の部屋で刀を振る映像はなかなかの衝撃です。あの痛烈な映像イメージから、当時の指導者たちが「やはりバットも上から下だ」と思い込んでしまうのも無理もないのかもしれません。

しかし実際の王さんのバッティングの分解写真を見てみると、上からというよりは、横からレベルスイングで入ってきて、最後フィニッシュに向かってむしろ上に上がっていくアッパー気味のスイングでした。真剣は上から下に振っていましたが、ピッチャーのボールに対しては横から振っていたのが実状です。なのに、上から叩くという言葉だけが独り歩きしてしまい、それを伝え聞いた人がまた広めてしまう、ということが起こっていたのです。

では「上から叩け」は完全な間違いか、というと、そこはもう少ししっかりと説明をしなくてはいけません。ご存知の通り、バットは先に向かって太くなっています。つまり先の方が重くなっているので、どうしてもスイングする過程でヘッドが下がりやすくなってしまいます。特に腕力のない子供ならなおさらでしょう。ヘッドが下がったままバットがボールに当たると、ボールは飛びません。

それを下がらないようにするためにどうするか。子供たちに「ボールを上から叩くようなイメージで」と言うと、ちょうどヘッドが下がらず横からボールに当たるというわけです。実際に王さんが真剣を振るように上から入るわけではないですが、上から叩くようなイメージで打ってみると、ヘッドが下がらずぴったりレベルスイングで入る、ということがあるのです。

指導の過程の中でどうしても非力でヘッドが下がるような子がいたら、「上から叩くイメージで打ってごらん」という指導はあながち間違いとは言い切れません。

今の時代はカメラの映像などをすぐ見られるようになりました。それによってそれぞれの選手がどういう軌道でバットを振っているか、どう体重移動しているかなど、細かいことが全て解析できるようになりました。それでも実戦ではピッチャーは「いい形では打たせまい」として、タイミングをずらしてきます。そうなると、ずらされた状況でもバッターは打たなくてはならなくなります。そのため、いろいろな状況を想定した練習が必要になるのです。

今の時代はさまざまな解析が可能で、その人に合った指導ができるだけに、さらに一歩進んで「タイミングをずらされたらどうしたらよいか」といった指導も行われていきます。伝聞だけに頼らない、より具体的な指導を行う指導者が増え、競技の進歩に一役買っています。

一つのやり方だけを正しいと信じ込むことが、相手に向かない指導を生む。

11

審判の心理

プロ野球選手たる者、審判との関係も重要である。彼らが審判とどうコミュニケーションをとっているかを知れば、あなたの「仕事内容を評価する立場の人との関係」を改善する際のヒントになるかもしれない。

審判に不平不満を言うくらいなら、仲良くするに越したことはないでしょう。際どいボールに関して、バッターはボールと言ってほしいですし、キャッチャーならストライクと言ってほしいものです。攻める側、守る側双方の意見があるのですが、それにいちいち反抗期な態度を示していては、審判だって人間ですから、良いことではないですが意見が偏ることもないとは言い切れません。

ただ経験上、仲良くしているからといってジャッジが甘くなるか、と言えばそれはありませんでした。プロの世界、そういうことはお互い敬意を持って付き合っていくということでしょう。いずれにせよ、アンパイヤのジャッジに不服を申し出たり、不満を示したり、そういう態度に出たところで何の得もないのです。

審判と選手とのエピソードとしてはやはり落合博満さんが印象深いです。落合さんは基本的に、審判の方ともよくしゃべっていました。ある時、バッター落合さんの場面で、キャッチャーの僕から見てもボール気味を審判がストライクと宣告しました。僕としてはラッキーですが、バッターとしては「そこはボールだろう」と思える球です。普通のバッターならば、「そこまで取るか？」とちょっと文句を言いそうなところです。しかし落合さんはそういう態度を全く見せません。逆に極めて冷静に一言、「今日はあそこまで（ストライク）取っているのかぁ」と。

この態度は何とも絶妙でした。いつもより広めだけど全く問題ないよと無駄に優しさをひけらかすでもなく、かといって感情的にもならず、素直に審判のジャッジは認めてただただ理解しているという態度を示す。さすがに誰が見ても、この人は選球眼いいな、という印象を植え付けます。

するとどうでしょう。2ストライクとなった後、狙い球が完全に外れたのだと思うのですが、完全にストライクというボールを落合さんが悠然と見逃したところ、審判が「ボール！」と言ったのです。あんなに選球眼のいい落合さんが悠然と見逃しているんだから、これはボールなのだとでも言わんばかりのジャッジです。それに対して、こちらが「完全にストライクじゃないか！」という態度を取ってしまったらもはや、落合さんのペースにどんどんと引き込まれてしまうのです。

要するに審判と仲良くなるといっても、なり方によるのではないでしょうか。挨拶《あいさつ》をしていればいいとか、優しい態度で接するとかではなく、この時の落合さんのように敬意を払いながらもちゃんと見ているというのがベストだと思います。その意味で、「落合ボール」というのは本当にあったような気がします。

僕には落合さんのようなことはできませんでしたが、審判の方に対してリスペクトを持つ姿勢は大切にしていたつもりです。

プロの二年目のキャンプの時に、審判の方と話す機会がありました。その方はリーグを代表するベテランの審判員で、それまでは話はするといっても挨拶程度でした。一年間接した印象では、厳格にジャッジするというより、いい意味で感情的なジャッジというイメージでした。

その方が、まだまだ若手の僕に対して不意に、

「古田君はキャッチングがいいね」と話しかけてきました。

自分で言うのもなんですが、僕はキャッチングには自信がありました。いろんな投手からもいいと言われていましたが、ベテランの審判にも褒められたというのは特段にうれしかったです。

ところが、その方がさらに言うには、「審判をだまそうという姿勢が見えないのがいいよ」。

これは僕にとって、少し意外なことでした。というのも、当時の僕にははっきり言って、ボール球でも何とかストライクと言わせたいという気持ち、つまり「だまそう」という気持ちはあったからです。

「プロのキャッチャーは、何とかボール球をストライクに見せようとミットを動かしたり体を動かしたりして、ごまかそうとするもんだ。だがそれをやられると腹が立つんだよな。あとでビデオなんか見直してだまされたと思うと、次回このキャッチャーの時はきわどいボールは全てボールって言ってやるんだ」とまで言われました。

冗談っぽく話されていましたが、僕はこの発言を

「だからだまそうという動きをしたら、全部ボールって言うぞ」

というメッセージのように聞こえました。

それからというもの、僕はその審判に限らず、きわどいコースのボールは、ストライクゾーンに向かってミットを動かすことをせず、しっかり止めることだけを心がけました。しっかりミットを止めて、「どうぞ審判の方見てください」という姿勢に変えたのです。

審判もプロです。ちょっと動かしたくらいで、やすやすとボール球がストライクになることはありません。しかしそれまでは、だまそうとする捕手の姿勢がプロの審判のプライドを傷つけるということまでは考えが及びませんでした。

そのことを若い時に知ったおかげで、審判とは良好な関係を保つことができました。

もしかすると、そのことが十八年も現役でいられた理由の一つかもしれません。

最近でも、現役のキャッチャーがよかれと思って一生懸命ミットを動かしているのを見かけますが、これが逆効果になっていることに早く気がついてほしいです。

姑息なことを考えるよりもプロの姿勢にリスペクトを。

12

短期決戦の勝ち方

やはりリーグ戦と日本シリーズでは戦い方が違う。短期決戦ではどのようなことを意識すべきか。五度の日本シリーズに出場し、四度優勝した経験を振り返ってみる。

シーズン優勝を果たしても、その後のクライマックスシリーズや日本シリーズで負けてしまうと、その年を負けで終わってしまうことになるわけです。そうなると、かなり悔しいものです。何事も終わり良ければすべて良し、と言うように、最後は勝って終わらないと気分が良くありません。

では、シーズンと短期決戦であるポストシーズンの戦い方の違いとは何でしょうか。

短期決戦ではリスク回避について、シーズン中よりさらに細かく神経を割かなくてはなりません。これらの試合では一つのアウトの大切さ、一球の怖さは計り知れません。一球も無駄にしないくらいのことを意識しながら戦わなくてはなりません。

ありとあらゆる可能性を想定しながら、いかにアウトを取っていくかを考えます。三、四、五番のクリーンアップのどこでアウトを取るか、分が悪いのなら、勝負するふりだけして、勝負しない、という判断もあり得ます。仮に先頭打者を出してしまってもバントならアウト一つはそこでもらうと前向きに捉え、後の二つをどこで取るかを考えます。当然、バッテリーがストライクゾーンで勝負せず、四球になってもいいと思っている打者が勝手にアウトになってくれれば儲けものですが、とにかくバッテリー間で、どこでどのようにアウトを取るかということを徹底して意思疎通します。

シーズン中ももちろん、こうしたことをします。しかし先ほども言ったようにシーズン中ならば、布石を打つという意味合いもあり、どこかで打たれても構わないという考え方もできます。これに対し、ポストシーズンの短期決戦では一球ごとに常にアウトを取ることに意識を集中させます。

中でも、プロ野球の最終決戦である日本シリーズは特別なものです。シーズン最終戦、もしくは最近ではクライマックスシリーズの最後の試合から日本シリーズの初戦までは妙な間隔が開きます。最近こそこの間隔は少し短くなりましたが、かつては二週間ほど開いていました。

この長い「準備期間」、メディアは他に取り上げる試合もありませんから、こぞってシリーズの注目点を取り上げます。「カギはこのバッターです」「注目はこのピッチャーです」と連日主力選手をフィーチャーします。「この選手が命運を握る！」などと煽られてしまうのです。当然ファンの期待も高まり、「打ってくれよ」というムードで盛り上がります。その分、選手にプレッシャーがかかります。その結果、「俺が打たないと盛り上がらない」という錯覚がその選手の心理状態に影響を及ぼしてしまうことがあります。

九五年のオリックスとの日本シリーズでは、そうした心理が大きく影響しました。あの年は一月に阪神・淡路大震災があり、地元オリックスは「がんばろう神戸」という明快なスローガンを掲げ、イチローへの注目が過熱しました。リーグ優勝も彼の一打で決めたこともあり、日本シリーズも彼が打って決まるだろうという雰囲気に包まれました。

イチローという選手は言うまでもなく、よく打つバッターではありますが、本来は一番バッターを打つこともある、足も使えるオールラウンダーです。出塁すれば直ちに脅《きょう》威《い》になる選手です。

野球で出塁する方法はヒットに限らず、四球という方法もあるのですが、シリーズ前にあまりにもメディアやファンが「シリーズでも打ってくれるだろう」と期待を高めてしまい、さすがに本人にも「打つ」という意識が普段以上にあったのでしょう。実際にこのシリーズでのイチローは勝負に焦る「らしくない」イチローでした。打たなければという意識が強すぎて、ボール球に手を出してしまう。結果彼の活躍はないまま、ヤクルトの四勝一敗でこの年は終わりました。

僕も現役時代、五度の日本シリーズに出場させてもらいましたが、最初の日本シリーズ（九二年・vs西武）は全く打てませんでした。打たなくてはというプレッシャーが普段より大きく、結果、勝負を急いでしまったような気がします。その教訓が生きて、二回目以降の日本シリーズでは落ち着いてプレーできるようになりました。自分でも想像しないような注目を浴び、大きなプレッシャーがかかる舞台で自分がどうなったら冷静になれるのか？　前にも述べましたが、これを一度経験することで把握するということは、とても大切なことなのです。

どこでどのようにアウトを取るのか、バッテリー間で徹底的に意思疎通する。

13

なぜ九三年の日本シリーズで勝てたのか

一九九三年、ヤクルトが西武を四勝三敗で下した日本シリーズは、これまで数多くの死闘が繰り広げられてきた日本シリーズの中でも「屈指の名勝負」と言われている。それまで日本シリーズで六連勝していた森・西武がついに敗れた激戦を振り返る。

九三年にヤクルトが西武に勝った日本シリーズの勝因を分析するにはまず、前年のことを書かなくてはなりません。前年の九二年、ヤクルトは西武に三勝四敗で敗れました。この年のセ・リーグは史上まれに見る大混戦でした。最終試合の一試合前まで優勝は決まらず、六位までたったの九ゲーム差でした。普通、優勝チームは八〇勝前後するのですが、この年のヤクルトは七〇勝にも到達せず、六九勝で貯金はわずかに四という成績でした。

一方この頃の西武ライオンズは、八五年から一度を除いてずっとリーグ優勝を続けていた常勝軍団でした。まさに黄金期を迎えており、打線も投手力も圧倒的な力を持っていました。解説者やファンの予想も軒並み西武有利で、4―0で西武と予想した解説者も少なくありませんでした。

そんな中、三勝三敗で第七戦までもつれ込み、何度も勝てるチャンスがありながら延長戦となり、惜しくも日本一を逃すというところまで行ったのでした。ちなみにこのシリーズでのエース岡林洋一の奮闘は出色で、延長戦があったとはいえ、短期決戦の日本シリーズで30イニングを投げたという驚異的な記録はおそらく今後も塗り替えられないのではないでしょうか。

さて九三年、なぜその西武に勝てたかという話に戻しますと、やはりこの九二年の惜敗が大きかったということです。当然、我々も必死で戦ってはいましたが、なんとなく九二年は常勝西武に対して「負ける」という前提があったような気がします。けれども実際にぶつかってみると、それほどの実力差を感じることはなかった。せっかく激戦のセ・リーグを制したのに、全て吹っ飛ばされたようで、何とも悔しい気分になりました。最後に負けたことでこの年は負けた悔しさだけが残ってしまいました。

こうなったら何が何でも西武を倒そうと、その気になったのです。当時まだ若かったヤクルトの主力、僕も含めて「まだまだ未熟」と言われていた広澤さんや池山がその気になって、次のシーズンを迎えたというのが最大の勝因と言えるでしょう。

結果的には九三年は八〇勝を挙げてペナントレースを制し、打倒西武を明確に掲げて周到に準備しました。その気になった我々にとってリーグ優勝は当たり前、「西武出てこい！」の気持ちで一丸となり、前年とは立ち位置も違いました。勝つことや大きな舞台を一度経験したことは我々を大いに成長させ、レベルを上げたのです。

結局先に王手をかけて四勝三敗で日本一を奪い取りました。ケガ人の復帰や投手陣が揃ったという勝因もあるにはありましたが、何と言っても気持ちが大きく変わって取り組めたということが一番大きかったのです。

**目標が明確になった時、
そしてその目標に全員が一丸となった時、
絶対的な牙城を崩すことができる。**

制作協力　大原 伸
企画協力　タイズブリック
編集協力　伊藤滋之
　　　　　河野淳三郎
写真撮影　遠藤 宏

PHP新書
PHP INTERFACE
http://www.php.co.jp/

古田敦也［ふるた・あつや］

1965年兵庫県生まれ。兵庫県立川西明峰高校卒業後、立命館大学経営学部に入学。88年トヨタ自動車に入社。同年ソウルオリンピックで銀メダル獲得。90年ヤクルトスワローズに入団。一年目から正捕手を任される。野村克也監督の薫陶を受け、プロ野球を代表する捕手となる。91年セ・リーグ首位打者、93年／97年セ・リーグMVP、97年正力松太郎賞。2004年に起こったプロ野球再編問題では、プロ野球選手会会長として1リーグ化阻止に奔走。05年、大学野球・社会人野球を経た選手として初めて通算2000本安打を達成。06年、選手兼任監督となる。07年引退、監督退任。ベストナインを通算9度、ゴールデングラブ賞を通算10度受賞。通算盗塁阻止率歴代1位。
著書に『「優柔決断」のすすめ』（PHP新書）、『フルタの方程式』（朝日新聞出版）、『古田式・ワンランク上のプロ野球観戦術』（朝日新書）などがある。

うまくいかないときの心理術 （PHP新書1041）

二〇一六年四月二十八日 第一版第一刷

著者――古田敦也
発行者――小林成彦
発行所――株式会社PHP研究所
東京本部――〒135-8137 江東区豊洲5-6-52
新書出版部 ☎03-3520-9615（編集）
普及一部 ☎03-3520-9630（販売）
京都本部――〒601-8411 京都市南区西九条北ノ内町11
組版――有限会社エヴリ・シンク
装幀者――芦澤泰偉＋児崎雅淑
印刷所
製本所――図書印刷株式会社

ISBN978-4-569-82692-9

ＰＨＰ新書刊行にあたって

「繁栄を通じて平和と幸福を」（PEACE and HAPPINESS through PROSPERITY）の願いのもと、ＰＨＰ研究所が創設されて今年で五十周年を迎えます。その歩みは、日本人が先の戦争を乗り越え、並々ならぬ努力を続けて、今日の繁栄を築き上げてきた軌跡に重なります。

しかし、平和で豊かな生活を手にした現在、多くの日本人は、自分が何のために生きているのか、どのように生きていきたいのかを、見失いつつあるように思われます。そして、その間にも、日本国内や世界のみならず地球規模での大きな変化が日々生起し、解決すべき問題となって私たちのもとに押し寄せてきます。

このような時代に人生の確かな価値を見出し、生きる喜びに満ちあふれた社会を実現するために、いま何が求められているのでしょうか。それは、先達が培ってきた知恵を紡ぎ直すこと、その上で自分たち一人一人がおかれた現実と進むべき未来について丹念に考えていくこと以外にはありません。

その営みは、単なる知識に終わらない深い思索へ、そしてよく生きるための哲学への旅でもあります。弊所が創設五十周年を迎えましたのを機に、ＰＨＰ新書を創刊し、この新たな旅を読者と共に歩んでいきたいと思っています。多くの読者の共感と支援を心よりお願いいたします。

一九九六年十月

ＰＨＰ研究所

PHP新書

[スポーツ]

634 「優柔決断」のすすめ　古田敦也
702 プロ野球 最強のベストナイン　小野俊哉
714 野茂英雄
ロバート・ホワイティング[著]／松井みどり[訳]
782 エースの資格　江夏 豊
787 理想の野球　野村克也
793 大相撲新世紀 2005-2011　坪内祐三
809 なぜあの時あきらめなかったのか　小松成美
813 やめたくなったら、こう考える　有森裕子
836 阪神の四番　新井貴浩
855 投手論　吉井理人
902 メジャーリーグ 最強のベストナイン　小野俊哉
904 楽天はなぜ強くなれたのか　野村克也
914 意識力　宮本慎也
921 プロ野球vsメジャーリーグ　吉井理人
924 こう観ればサッカーは0-0でも面白い　福西崇史
925 覚悟の決め方　上原浩治
957 どんな球を投げたら打たれないか　金子千尋
975 求心力　平尾誠二
990 セッター思考　竹下佳江
1010 攻撃的サッカー　杉山茂樹
1020 プロのフィギュア観戦術　鈴木明子

[人生・エッセイ]

263 養老孟司の〈逆さメガネ〉　養老孟司
340 使える!『徒然草』　齋藤 孝
377 上品な人、下品な人　山﨑武也
507 頭がよくなるユダヤ人ジョーク集　烏賀陽正弘
600 なぜ宇宙人は地球に来ない?　松尾貴史
742 みっともない老い方　川北義則
763 気にしない技術　香山リカ
827 直感力　羽生善治
859 みっともないお金の使い方　川北義則
873 死後のプロデュース　金子稚子
885 年金に頼らない生き方　布施克彦
900 相続はふつうの家庭が一番もめる　曽根恵子
930 新版 親ができるのは「ほんの少しばかり」のこと　山田太一
938 東大卒プロゲーマー　ときど
946 いっしょうけんめい「働かない」社会をつくる　海老原嗣生
960 10年たっても色褪せない旅の書き方　轡田隆史

966 オーシャントラウトと塩昆布　和久田哲也
1017 人生という作文　下重暁子

［知的技術］

003 知性の磨きかた　林 望
025 ツキの法則　谷岡一郎
112 大人のための勉強法　和田秀樹
180 伝わる・揺さぶる！文章を書く　山田ズーニー
203 上達の法則　岡本浩一
305 頭がいい人、悪い人の話し方　樋口裕一
399 ラクして成果が上がる理系的仕事術　鎌田浩毅
438 プロ弁護士の思考術　矢部正秋
573 1分で大切なことを伝える技術　齋藤 孝
646 世界を知る力　寺島実郎
673 本番に強い脳と心のつくり方　苫米地英人
718 必ず覚える！1分間アウトプット勉強法　齋藤 孝
737 超訳 マキャヴェリの言葉　本郷陽二
747 相手に9割しゃべらせる質問術　おちまさと
749 世界を知る力 日本創生編　寺島実郎
762 人を動かす対話術　岡田尊司
768 東大に合格する記憶術　宮口公寿
805 使える！「孫子の兵法」　齋藤 孝
810 とっさのひと言で心に刺さるコメント術　おちまさと
835 世界一のサービス　下野隆祥
838 瞬間の記憶力　楠木早紀
846 幸福になる「脳の使い方」　茂木健一郎
851 いい文章には型がある　吉岡友治
876 京大理系教授の伝える技術　鎌田浩毅
878 ［実践］小説教室　根本昌夫
886 クイズ王の「超効率」勉強法　日高大介
899 脳を活かす伝え方、聞き方　茂木健一郎
929 人生にとって意味のある勉強法　隂山英男
933 すぐに使える！頭がいい人の話し方　齋藤 孝
944 日本人が一生使える勉強法　竹田恒泰
983 辞書編纂者の、日本語を使いこなす技術　飯間浩明
1002 高校生が感動した微分・積分の授業　山本俊郎

［宗教］

123 お葬式をどうするか　ひろさちや
300 梅原猛の『歎異抄』入門　梅原 猛
849 禅が教える 人生の答え　枡野俊明
868 あなたのお墓は誰が守るのか　枡野俊明
955 どうせ死ぬのになぜ生きるのか　名越康文